川端康成筆「古都の味 日本の味 浜作」

愛蔵版

和食の教科書

ぎをん献立帖

森川裕之 著

読者ノ皆様へ

「料理ハ単純ナ方ガ良イ」トハ小林秀雄先生ノ名言デ有リマス。「複雑ナ料理ヲ食ワサレル時ハ、ドウモイツモ面白クナイ。舌ガ小馬鹿ニサレテイル様ナアンバイデ、一種ノ退屈感サエアル」。トマデ、痛快ニ言ヒ切ッテオラレマス。

昔カラ美味シイ料理ハ素材七分、アトノ三分ガ腕前ト言ハレテキマシタ。昨今ハ世界ノアラユル国ノ食材ヲ、四季ヲ問ハズ手ニ入レル事ガデキマス。アマリニ物ガ溢レテ、何ヲ、何時如何様ニ食ベレバ良イノカ？　此ノ素朴デ且ツ重大ナ疑問ヲ皆様ハ常ニ御持チノ事ト推察申シ上ゲマス。

南北ニ長イ日本ハ本来四季ノ移リ変ハリガ多様デ、其ノ自然ガモタラス海ヤ山ノ豊富ナ食材ハ実ニ世界ニ誇ルベキモノデ有リマス。中デモ王城千年ノ我ガ故郷京都ハ「春ハ花、夏ハ新緑、秋ハ紅葉、冬ハ雪」ト花鳥風月ヲ様々ナ芸術、文化トシテ精華セシメタ

池田遙邨画「京の四季」

土地柄デゴザイマス。料理文化モ、ソノ伝統ノ中デ先人達ガ育ンデマイリマシタ。

ソコデ今回ハ、創業以来、初代、二代目、私ト九十六年ニワタッテ浜作ガ受ケ継イデ参リマシタ定番ノ御献立ヲ余計ナ飾リ立テヲセズ、旬ノ素材ヲ活カス事ヲ第一義ニ、作リ方ノ必然性ヲ詳シク説キマス。

又御家庭デ実践シテ頂クニアタッテハ必須デアル、手早ク簡単ニ、経済的ニトノ三条件ヲモ合ハセテ考慮致シマシタ。本格料理入門ノ手引書トナレバ幸甚ニ存ジマス。

三代目 浜作 森川裕之

御贔屓献立帖（ごひいきこんだてちょう）

饗応の大役を無事に果たして記念撮影する浜作の面々。大宮御所にて。一番左が浜作二代目主人父・森川武。他、歴代料理長。

昭和天皇

しょうわてんのう（1901-1989）
第124代天皇。明確な記録が残る歴代天皇の中で在位期間が最も長い。終戦に際して「聖断」を下した。

創業者ノ祖父、二代目ノ父、三代目ノ不肖私ト続ク、浜作九十六年ノ歴史ノ中デ、昭和天皇陛下ノ御在位五十年記念デ京都大宮御所ニテ御幸ノ砌ノ御料理ヲ御下命賜ッタコトホド、名誉ナコトハゴザイマセン。大宮御所ニハ京阪神ヲ始メ、関西ノ政界、財界、学界、芸術界ヲ代表スル名士貴紳ノ皆様方ガ五百人近ク参集ナサリ、皇室ノ彌栄ヲ奉祝スル、誠ニ厳粛カツ華ヤカナ大盛会デゴザイマシタ。手前ドモハ三千本ノ海苔巻キヲ謹ンデ調製サセテ頂クコトニナリ、宮内庁大膳課ノ皆様トノ試作試食ガ半年前ヨリ十回以上繰リ返サレマシタ。陛下ガ御召シ上ガリ易イ様ニ、極力細ク端正ニト謂フ御要望デゴザイマス。オ米ヲハジメ素材ヲ厳選シ、特ニ、海苔巻キデスノデ、海苔ノ品質ニ細心ノ注意ヲハライ、在職五十年ノ総料理長ヲハジメ二十年以上ノベテラン総勢十人デ、コノ一世一代ノ仕事ニ取リ組ミマシタ。総監督ノ亡父モ神経性胃炎ニナルグライノ緊張ガ続キ、当日ハ一ミリモ狂ワズ形ヲ整エ、烏滸ガマシナガラ無事ニ大役ヲ務メルコトガデキマシタ。帰リ道ニ、母モ私モ一緒ニ、全員デ祖父母ノ墓前ニ無事ヲ報告シタコト、昨日ノヨウニ覚エテオリマス。

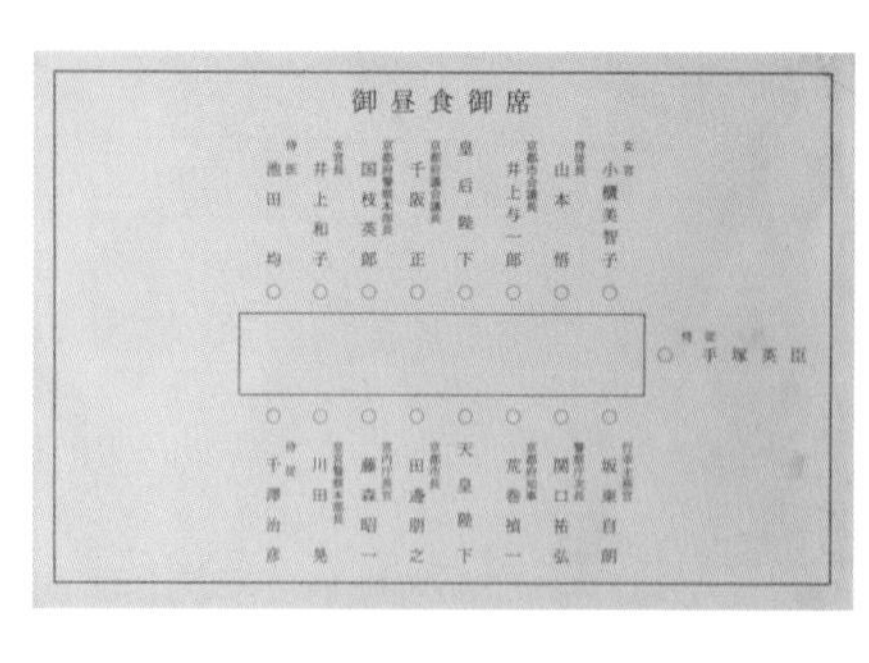

御昼食御席

小欄美智子　山本悟　井上与一郎　皇后陛下　千阪正　国枝英郎　井上和子　池田均

手塚英臣

坂東自朗　関口祐弘　荒巻禎一　天皇陛下　田邉朋之　藤森昭一　川田晃　千澤治彦

平成12(2000)年、天皇皇后両陛下(現在の上皇上皇后両陛下)の京都行幸において、御昼食の御用を当代主人が三日続けて務めた折の席次表。浜作では、初代主人が昭和三年の昭和天皇即位の御大典の饗応を、二代の時に昭和天皇の御用を二度務めており、二度目の折は当代も一緒に務めた。また、二代は上皇上皇后両陛下の御用も一度務めているが、その折にも当代が支えた。つまり、当代は昭和から令和に至るまで、天皇家の御用を五度務めていることになる。

叶松谷造　金銀彩瑠璃釉食籠
永楽即全造　黄交趾丸皿

細巻五種
干瓢、どんこ椎茸、厚焼き、車海老おぼろ、ミツバ

御贔屓献立帖（ごひいきこんだてちょう）

入江相政

入江の父で皇太后宮大夫、御歌所長を務めた為守による書。冷泉家出身ならではの能筆ぶりを発揮している。貞明皇太后御製の和歌を為守がしたためたもの。

いりえ・すけまさ（1905-1985）
昭和天皇の侍従長。冷泉家の流れを汲む歌人であり随筆家。『入江相政日記』は激動の昭和を記した貴重な資料。

昭和天皇ノ侍従長ヲ御務メニナラレタ入江先生。フダン東京ニ御住マイノ先生ハ、御休ミノ日ニフラリト京都ニイラシテハ御食事ヲ御楽シミニナッテオラレマシタ。ソウシタ折ニ御召シ上ガリニナッタノガ若狭ガレイノ煮付ケデゴザイマス。京都デ魚、トイエバ若狭ガレイ、若狭グジ。先生ハ御生マレコソ東京デスガ、京都ニアイデンティティヲ御持チノ方。薄口醤油デサット焚イタ若狭ガレイガコトノホカ御好ミデシタ。御出シスル時ハ骨ヲ抜イテ焚キマス。御公家様ノ食卓デハ、魚ノ骨ヲ外シテ出スノガ習ワシダカラデス。骨ヲ抜クト煮崩レシヤスイノデ調理トシテハ難シイノデスガ、イワバ御刺身ノ状態ニシテカラ焚クコトデ、ヨリ御所風ノ味ニ仕上ゲルコトガデキマス。先生ハ「淡白ダケド奥深イ味、コレコソガ京風ダネ」ト目ヲ細メテオラレマシタ。御食事ガ御済ミニナルトソノ日ノウチニ新幹線デ東京ヘ御戻リニナリマス。陛下カラノ急ナ御召シニ対応デキルヨウニ、ソンナ御心ガマエダッタノデハナイデショウカ。

“味のまわり”のできごとを書いた入江の食エッセイ『味のぐるり』（左頁）。浜作をこよなく愛した入江は、自身の著作でも言及している。

時代古染付丸皿

若狭ガレイの煮付け

若狭ガレイを三枚におろし、ひと塩ののち、一夜干しにする。酒、味醂、薄口醤油を煮立て、針生姜と梅干しを加え、手早く、早煮として煮付ける。あらかじめ湯がいた菜の花を煮汁に加え、盛り付ける。香りと彩りに木の芽を合わせる。

三八会

ちょうど六時に、浜作に着く。だんだん集まってきて、十人になった。

この人の顔ぶれは、明治三十八年に生まれたという縁で結ばれてい

和楽造　五色楽焼食籠
緑楽皿
時代洋食器各種（Antique Chocolat）

鯛の昆布締めサンドウィッチ

鯛の昆布締め
　ワインビネガー　レモン風味
薄切りトーストサンド
　にんじんの甘酢漬け添え
＊鯛の昆布締めについてはＰ40を参照。

御贔屓献立帖（ごひいきこんだてちょう）

ロバート・デ・ニーロ

Robert De Niro（1943 - ）
アメリカ人の俳優。「レイジング・ブル」でアカデミー主演男優賞受賞。徹底した役作りで知られる名優。

アメリカヲ代表スル名優・ロバート・デ・ニーロサンガ初メテ来店サレタノハ、映画「アンタッチャブル」ガ公開サレタ頃ノコト。デ・ニーロサンハ個性ノ際立ッタ役柄ガ多イ方デスガ、素ノ御性格ハイタッテフツウデ、物静カデイラッシャイマシタ。来店サレタ折、「ワインニ合ウ料理ガ食ベタイ」トノ御所望デシタノデ魚ノムニエルナドヲ御出シタシタトコロ御気ニ召シタヨウデ、三日続ケテ御来店ニナリマシタ。他ノハリウッドスターガ来店シタカ御尋ニナラレタノデ、マーロン・ブランドサンノ名前ヲ挙ゲルト弾ケルヨウナ笑顔ニナリマシタ。デ・ニーロサンハ映画「ゴッドファーザーPARTⅡ」デ、ドン・コルレオーネノ若キ日ヲ演ジテイタカラデス。コウシテスッカリ打チ解ケタデ・ニーロサンニ頼マレ、彼ガサンフランシスコデ開イテイタ「ルビコン」トイウレストランノアフタヌーンティーノ新メニューヲ私ガ考エルコトニナリマシタ。ソレコソガ鯛ヲ昆布デ締メタサンドウィッチナノデス。現地デハ「浜作サンド」トシテ提供サレマシタ。

志賀直哉

志賀家と森川家の婚礼写真。新婦のななめ後ろに志賀直哉の姿が見える。

白樺派ノ巨星・志賀先生ハ実ノトコロ私ドモトハ縁戚デゴザイマス。亡キ父ニハ英太朗トイウ兄ガオリマシタ。松竹デヌーベルバーグノ映画ヲ監督シタ後、電通デ草創期ダッタテレビドラマト関ワルヨウニナルノデスガ、コノ伯父ト結婚シタノガNHKノアナウンサーダッタ志賀靄子サン、志賀先生ノ姪ニアタル方。ソノ結婚式ガ東京ノ帝国ホテルデ行ワレタノデスガ、私ノ父ガホテルノ調理場ヲ御借リシテ志賀先生ノタメニ作ッタノガオムレツデゴザイマス。先生ノ朝食ハパントオムレツトジャムガ定番デ、父ガコシラエタオムレツヲ大層喜バレマシタ。文明開化ノ影響ヲ受ケタ明治生マレノ志賀先生ニハ「肉ヤバターハ滋養ニナル」トイウ信仰ニ近イモノガオアリデ、割ト洋風ナモノガ御好キデシタ。ケレドモ一番好キナ食べ物ハウナギ。コレモ滋養ノアル食材デゴザイマス。寡黙デシタガ聞キ上手デモアッタ先生ハ、浜作ニ御越シニナルト、御連レノ方々ノ話ニ頷キナガラ大好物ノ胡麻トウフヲ幸セソウニ頬張ッテオラレマシタ。

しが・なおや（1883-1971）小説家。『城の崎にて』『暗夜行路』などの名作で知られる。白樺派を通じて民藝運動の柳宗悦とも親交。昭和24（1949）年、文化勲章を受章。

胡麻とうふ

作り方はP158を参照。

細川護熙造　粉引皿

オムレツ

卵に、一割量の一番出汁、塩少々を加えよく混ぜ、フライパンにバターをたっぷりひき、卵を流し込む。箸でよくかき混ぜながらフライパンのへりを使い、円弧形に整える。強火で素早く、一瞬のうちに仕上げなければ、卵が固くなりすぎて美味しくなくなる。

三浦竹泉造　色絵龍文輪花丸皿
永楽妙全造　赤絵金襴瓔珞手小付

御贔屓献立帖（ごひいきこんだてちょう）

柳宗悦
富本憲吉
芹沢銈介
黒田辰秋

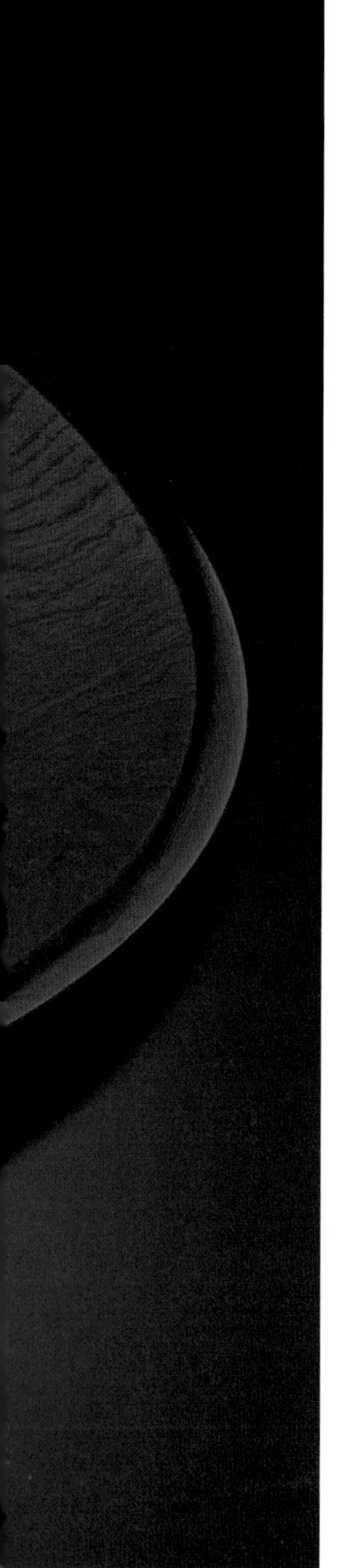

やなぎ・むねよし（1889-1961）
民藝運動の提唱者。日本民藝館の創設者にして初代館長。昭和32（1957）年、文化功労者に顕彰される。
とみもと・けんきち（1886-1963）
陶芸家。バーナード・リーチを通じて民藝運動と親しむ。昭和36（1961）年、文化勲章を受章。
せりざわ・けいすけ（1895-1984）
染色工芸家。民藝運動に共鳴し柳と日本各地を調査した。昭和51（1976）年、文化功労者に顕彰される。
くろだ・たつあき（1904-1982）
漆芸家・木工家。河井寛次郎の影響で民藝運動に参加。昭和45（1970）年、人間国宝に認定される。

佳肴三種
しび鮪のおろし和え　大根おろし、醤油、山葵
赤貝の鹿子造り　若布、うるい
車海老　菜の花　白葱　辛子酢味噌

黒田辰秋造　神代欅拭き漆 楕円大盆
富本憲吉造　染付「花」皿　赤絵「白雲悠々」皿

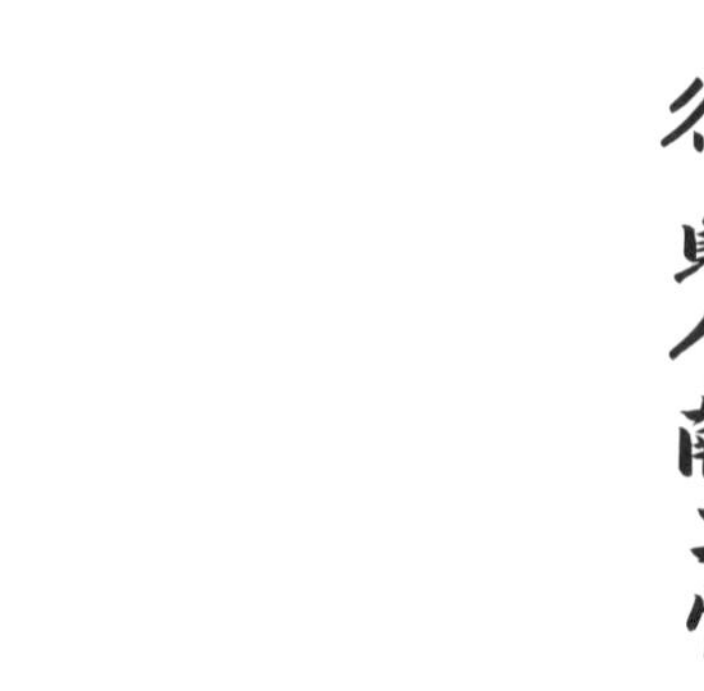

柳宗悦筆「心ヲゾ練リニシ」
黒田辰秋造　神代欅額

御馳走献立帖

東京カラ京都ハ今デコソ近ク、トモスレバ日帰リデノ移動モ当タリ前トナリマシタガ、新幹線ガナカッタ昔ハソウデハゴザイマセン。デスカラ、京都デシッカリ用事ヲ済マセヨウトスレバ、腰ヲ据エテ一週間アルイハ二週間ホド逗留スルノガムシロフツウデ、柳先生ナドモソウデシタ。滞在中ノ御食事ヲドウスルカ、言ウナレバ先生ハジメ民藝運動ノ皆様ノ胃袋ヲ満タス場所ガ祇園ノ旧本店。当時、先生方ハ朝カラ晩マデ二階ニアッタ座敷ニ居続ケ、ソコニ京都ニ居ヲ構エル河井寛次郎先生ナドモ合流サレワイワイト過ゴシテオラレマシタ。祇園ノ旧本店ハマサニ民藝運動ノサロンダッタノデス。日中、頃合イヲ見テ私ドモハ二階ニ陣取ッテイル先生方ニ虫ヤシナイヲ御出シシ、暗クナルト降リテキテ一階カウンター横ノ大テーブルニ車座トナッタ皆様ヘ大皿ニ盛ッタ酒肴ヲ御出シシテイマシタ。銘々皿ニ御好キナモノヲ取リ分ケ、御酒ノアテニシテイタモノヲ再現シタノガ前頁ノ御料理デス。ソシテ御様子ヲ見ナガラ次頁ノヨウナ京都ラシイ品々ヲ手付キノ鉢ナドニ盛ッテ御出シシマシタ。ソレニシテモ、モシタイムスリップシテ錚々タル面々ガ御食事ヲサレテイル光景ヲ目ノ当タリニシタラビックリ仰天デハナイデショウカ。

芹沢銈介画「秋サブ夏ヲヘテ」

河井寛次郎造　辰砂手付鉢

海老芋とカレイの煮おろし 柚子添え

海老芋は皮を厚くむき、柔らかく湯がき、一番出汁に昆布を加え下味をつけておく。カレイは三枚におろし、薄塩をする。ともに片栗粉、小麦粉をまぶし、こんがりと油で揚げる。美味出汁に大根おろしをたっぷり加え、揚げたての海老芋とカレイに絡ますように合わせる。

＊美味出汁についてはＰ２２１を参照。

御贔屓献立帖（ごひいきこんだてちょう）

森繁久彌・森光子

森サンハ京都・木屋町ノ生マレ。林芙美子先生原作ノ『放浪記』ヲ戯曲トシテカタチニシタ菊田一夫先生ノ引キデ東宝へ入ルコトトナッタノデスガ、ソノ時、私ノ祖父ガ森サンノ保証人トナッタユカリガゴザイマス。ソレユエ、森サンハ祖父ヲ「浜作パパ」ト終生御慕イニナッタノデアリマス。森サンハ律儀ナ方デ、折ニ触レテ私ドモヲ御贔屓ニシテクダサイマシタ。京都デ初メテ「放浪記」ヲ上演シタ時モ、最後ニ上演シタ時モ、大勢デ浜作へ御越シニナリ打チ上ゲヲナサイマシタ。森繁先生モ又足シゲク浜作へ御見エニナッタ方デス。アル時ハ他ノ俳優サンノ陣中見舞いニ京都へイラシタ折、又アル時ハ大阪デノ撮影ノ休養日ニキャデラックヲ飛バシテオイデニナリマシタ。森繁先生ハ賑ヤカナコトガ御好キデ、大勢ノ女優サンヲ引キ連レテ御越シニナッタノデス。寄セ鍋ハ森繁先生ソシテ森サンヲ思イ起コス御料理デアリマス。鯛ノ頭ニ聖護院カブラナドヲ一緒ニ焚イテ召シ上ガッテイタダキマシタ。

もりしげ・ひさや（1913-2009）俳優。映画『社長シリーズ』、ミュージカル『屋根の上のヴァイオリン弾き』などで知られる昭和の代表的な俳優。
もり・みつこ（1920-2012）俳優。テレビドラマ『時間ですよ』、そして舞台「放浪記」などで広く知られた。国民栄誉賞、文化勲章などを受章。

森光子筆「花のいのちはみじかくて苦しきことのみ多かりき」。森の代名詞的な舞台「放浪記」の作家・林芙美子の詩の一節。

森繁久彌筆「抽刀斬水水更流」。李白の詩の一節に「抽刀断水水更流 挙杯消愁愁更愁」とあり、気分がすぐれない心持ちを詠んでいる。森繁はどんな気持ちで色紙に揮毫したのだろうか。

寄せ鍋

明石鯛の頭、聖護院かぶら、焼き穴子、蟹肉湯葉包み、根ほうれん草、柚子

一番出汁に酒、薄口醤油を加え、あっさりと仕上げる。

土楽造　飴釉土鍋　緑釉炭火コンロ
川喜田半泥子造　黄瀬戸片口向付

御贔屓献立帖

向田邦子

むこうだ・くにこ（1929-1981）
脚本家・小説家。『寺内貫太郎一家』『阿修羅のごとく』などのヒット作で知られる。東京赤坂に「ままや」を開く。

向田先生トハ私ドモノ赤坂店ガアッタ昭和四十四（一九六九）年頃カラノ御付キ合イデス。当時、父ハヒト月ノウチ二週間ホドハ赤坂ノ店ニ出テオリマシタ。昭和四十年代トイエバテレビドラマノ全盛期デ、向田先生ハ「時間ですよ」「寺内貫太郎一家」「だいこんの花」トイッタ大ヒットドラマノ脚本家トシテ飛ブ鳥ヲ落トス勢イデアリマシタ。向田先生御自身、手料理ガ評判ノ方デシタガ、赤坂店ニイラシテハ酒肴ヲ御楽シミニナリ、京都ニ御見エニナルト父ト一緒ニ器屋ヲ回ッタリナサッテイマシタ。昭和五十三年、向田先生ハ小料理屋「ままや」ヲ開店サレマシタガ、実ハ私ノ父ガアドバイスヲシタ一品ガゴザイマス。ソレハフロフキ大根デス。父ハ上方デハフロフキ大根ニハ白味噌ヲ添エルノガ定石デハアルケレド、東京ダト甘ッタルイト思ワレルノデハナイカ、ト向田先生ニ御伝エシタノデス。ソシテ、赤味噌ニ白味噌ヲ加エテ合ワセ味噌ニスルトヨイ、春先ニハ木ノ芽味噌ニシテハドウカ、ト勧メタノデシタ。

時代染付 蓋向付 三種

ふろふき大根

京白味噌、八丁赤味噌、木の芽味噌

＊白、赤の焚き味噌についてはＰ２００「賀茂茄子田楽」、木の芽味噌はＰ１４４「筍の木の芽和え」を参照。

愛蔵版
和食の教科書 ぎをん献立帖
目次

料理心得帖3 ―料理編

初代・森川栄、女将・森川フク、創業まもなくの頃（昭和2年）

浜作はじめて物語

十代、十五代、創業百年、二百年を超す立派な老舗が軒を連ねる京都において、私で三代目となります浜作は、近頃老舗の部類に入れて頂いたようなもので、板前割烹の魁として昭和の御世が始まると同じく産声を上げ、やっと九十歳を迎えるところとなりました。

　創業者である私の祖父・森川栄は、明治二十九年富山の冶金学者の家に生まれました。七歳の時、遠縁である大阪堂島の米問屋へ養子に出され、（嫡男として養子縁組をしたにもかかわらず、次年実子が生まれたため疎遠となり）九つで船場備後町の「魚福」という当時大阪で一、二といわれた魚屋へ奉公することとなりました。そこで一から魚の目利き、おろし方を叩き込まれ、十二歳で心機一転料理人となる志を立てます。

　入門したのは樽本作次郎という親方で、住まいがあった北浜の「浜」と作次郎の「作」で、通称「浜作」と呼ばれた斯界の名人でありました。ここで生涯義兄弟の契りを結ぶ塩見安三氏と出会うこととなります。

　その頃日本は日露戦争に勝利し、商工業の中心地であった大阪は、帝都東京をしのぐ経済力を持ち、民都として活況を呈しておりました。その繁栄をバックに、板前を五十人以上抱える大料亭が数々と誕生し、まさに「食い倒れ」の名を欲しいままにした時代でありました。今と違って大料亭は子飼いの職人を持たず、いわゆる「部屋」＝料理人の所属プロダクションに所属する腕利きの職人と毎回契約を結び、料理の質にしのぎを削りました。

部屋を取り仕切る親方から声が掛かると、全国の名代の店へも出掛けていきました。二人一組で出掛ける場合、一人は向う板（包丁方＝割烹の「割」の役割）、もう一人は煮方（煮炊き、味付け＝割烹の「烹」の役割）としてコンビを組みました。日本一といわれた「播半」さんや「つる家」さんの調理場も預かり、当時、塩見のおじさんと祖父との組み合わせに、出井豊三郎のおじさんも合わせた三人は最強トリオといわれ、大学教授の月給が六、七十円だった大正時代、めいめい五百円という給料を貰っていたといいますから、いかに破格の待遇であったかがわかります。

師匠の名を取り、塩見のおじさんが大阪新町に「浜作」を開店したのは大正十三年であります。お客様の御注文で新鮮な材料を素早く調理してお出しする＝割烹の始まりで、大成功を収められました。後に塩見のおじさんは昭和三年に東京銀座へ進出なさり、東京での関西割烹の魁となられました。現在は銀座本店浜作として、三代目が継いでおられます。その塩見のおじさんの勧めにより、私の祖父が昭和天皇の御大典に沸く京都、祇園富永町に浜作を開店したのが、昭和二年九月一日であります。元々塩見のおじさんは煮方で、祖父の役割は包丁方であったため、より自分の包丁方の役割に重点を置き、お客様の目の前で全ての料理を取り行うという、いわゆるカウンターオープンキッチン形式を祖父は初めて取り入れ、今日の板前割烹と呼ばれる形態を創案致しましたのがこの時でございます。

高級料理は立派な庭やお座敷を備えた大料亭でいただくのが当たり前だった当時、極力料理そのもの自体（鮮度や味付け、またパフォーマンス）にだけ特化したこの方式は、料理業界の一大革命であり、それが評判となり連日連夜長蛇の列ができるほどの賑わいとなりました。この時の東西の浜作の繁盛ぶりはすさまじく、「浜作の栄ゆる見れば世の海に不景気の風の吹くとしも思へず」、これは坪内逍遙先生が浜作の光景を詠まれた短歌であります。

大倉喜七郎男爵様、根津嘉一郎様、山本為三郎様、松風嘉定様など大阪時代よりの財界の御贔屓に大層応援していただき、後の十年間に東山山麓法然院横に山荘風の別店を、愛宕山山頂に当時珍しいガーデンレストランを、また新京極にあった帝国館の館内に比較的廉価な浜作別店を開設するに至りました。

新しい物好きの文士の先生方には、文藝春秋の菊池寛先生、岩波書店の岩波茂雄、小林勇両社長より殊の外、御贔屓いただきましたことから、谷崎、川端先生をはじめ、数多くの文士の方々にも御愛顧いただきました。また、学界からは吉川幸次郎、桑原武夫、貝塚茂樹、湯川秀樹を代表とする京都学派の先生方にも、皆様お亡くなりになるまで足繁く通っていただきました。なかでも杉本秀太郎先生には、五十年ほどお越しいただきました。

祖父は仕事で稼ぐことも人一倍でありましたが、そのお金の使い方も桁外れの豪快さで、殊に競馬で

父・武。初孫とともに。亡くなる3ヶ月前（平成3年）

有名な有馬伯爵が御常連であった御縁で、京都競馬場一番館（馬主専用館）に特別食堂を開設し、自身も全盛期には六頭の競走馬の馬主でございました。菊池寛先生とはキクハマ号というサラブレッドを共同所有しておりましたのが、祖父の自慢でございました。

戦時期は大変な時期が続きましたが、なんとか営業を継続することができました。しかし終戦後、社会党の片山内閣による高級料理店営業停止政令を受け、全店を閉鎖することになりました。一年後、祇園の本店は再開し、祖父は昭和四十六年に亡くなるまで、カウンターに立ち続けました。

二代目は祖父の次男である父、武が継ぎました。長男の英太郎は全く別の道を歩み、映画監督を経てテレビ業界の黎明期に電通に在籍し、後に慶應義塾大学教授となりました。初代が包丁で名を馳せたため、後を継ぐことは大変なプレッシャーとなっていたことでしょう。

父はカウンターにも立ちましたが、料理屋主人のプロデューサーとしての役割を新しく開拓した人だと思います。すなわち御常客であった近鉄の佐伯勇社長のたっての御勧めで、昭和三十六年に京都、都ホテルに日本初の和食堂として浜作の支店を開設致しました。洋食主体のホテル業界にとってはセンセーショナルな出来事でありました。住友の頭取をお務めになられた鈴木剛様が、万博を翌年に控えた大阪の財界の方々を動かし、ロイヤルホテルと肩を並べるホテルプラザという立派なホテルをもう一つお作りになられました。食通で趣味人であられた鈴木社長に和食部門の全権を与えられた父は、懐石、天婦羅、寿司、しゃぶしゃぶ、すき焼きという全ての和食を網羅した「花桐」という総合和食堂をプロデュース致しました。今でもこのスタイルがホテルの和食堂のスタンダードといえるのではないでしょうか。この時本場フランスから料理指導のため来日されておりましたポール・ボギューズ氏と初めて、和洋のコラボレーションを試行したのも父でございました。

また日本で初めてブランドショップが軒を連ねたアーケード「東急プラザ」が昭和四十四年に赤坂見附に登場した時もいち早く出店を致しました。また、百貨店内の名店街和食堂も昭和四十八年に柏そごうに第一号店、いわゆるデパ地下（髙島屋さん、大丸さん）に進出致しましたのも、この頃でございます。

本当に新しいもの好きと申しますか、何処様よりも先に……というのが、父の性分でございました。高度成長期と重なり、また御贔屓筋のお蔭で、いずれも順調に繁盛させていただきました。この間昭和天皇の御在位五十年の京都御幸と御在位六十年の京都での園遊会、上皇陛下の御食事を謹製させて頂く機会を父の代に一度、私の代になりまして三度得ましたことは、真に光栄の至りでございました。

父は全く頑張り屋で、幼少期より病弱だったせいもあり、過労がたたり平成三年五十八歳で急逝致しました。この時私は二十八歳で三代目を継ぐこととなりました。大学を出てから瓢亭様でわずかに鍋洗いの修業をした位のキャリアで、後は見様見真似でカウンター仕事を覚えようとしていた矢先の急変に、

二代目である父・武と母・洋子、姉・貴代、本人

あたふたと難事が降りかかります。

まず祇園本店の土地建物が個人名義だったため、バブル真っ盛りの地価評価で何億円という相続税が発生しました。また、ハワイの支店の新規開店を二週間後に控え、また翌年には都ホテルの移転新装開店が控えておりました。

毎日この準備と処理をするだけで主人の仕事は精一杯で、とても料理を作る余裕など全く無い有り様でございました。この時なぜか「本店だけを残し、いっそのこと他の全部の事業から撤退しよう」という思いが頭をよぎりました。故に、どんなに忙しくても夜の営業の時はカウンターに必ず立つということだけは心に誓い、実行致しました。

段々とこの創業の志に帰ろうとする思いは年を経る毎に確信となりましたが、皆様ご承知の通り、出店は簡単ですが、なかなか退くというのは難しいもので、結果として二十年の歳月を要しました。この間平成十五年に、創業以来七十五年にわたり皆様にご愛顧頂きました本店を、祇園富永町から八坂鳥居前、また令和三年七月に京都の中心、新町通に移転新装致しました。祖父、父が心血を注ぎました総檜のカウンター他、一階部分は寸分違わず移築、再現致しました。

早いもので父が亡くなりまして三十一年、母や姉の懸命な支えと、毎日カウンターに立ち続けたことにより、祖父からの御贔屓、父からの御贔屓のお客様の数より、やっと私の代になっての御贔屓の数が上回るようになりました。こうしてみると、常に祖父、父は人に先んじて新しいものを取り入れ、時代の共感を勝ち得てきたのでありましょう。しかし、私の代はまさしく時代の大きな転換期。浜作も思い切って取り舵いっぱいに舵を切りました。

「希望は過去にしかないという悲劇哲学は、伝承芸能の場合、一種特別な意味合いを帯び、『昔は良かった』という言葉に絶えず刺戟されない限り、芸術的完成はあり得ない」。私の大好きな歌舞伎についての三島由紀夫先生の文章であります。これはかつて京都人が、いや日本人が最も大事に共有していた価値観であったろうと私は思っております。

吾が浜作の歴史は九十六年というほんの短いものですが、これからも「美味しいものを創る」という創業の精神を柱に、この「昔は良かった」という思いを大切にしながら、毎日板場に立ち続けたいと思っております。

浜作賑わう

文・杉本秀太郎（日本芸術院会員・国際日本文化研究センター名誉教授）

「きょうは、あと、浜作にいきますよ」

待ってました、その一声。

四時間にあまる研究会が、今おわったところ。部屋には、研究班長の桑原武夫先生と十二、三人の班員が三、三、伍々、屯ろして議論の余燼がくすぶっているが、あとの「めし」の場所を浜作だと指名されたのはもちろん先生。きょうの研究会には、成果をいずれ出版する岩波書店の番頭も顔を出していた。研究会後の酒の席は大概、先生のお気持で決まったものだが、先生は参加者個々の意志、異存を尊重され、来たくなければ自由に、どこへなりと行って下さい、という態度を堅持された。

浜作と聞いて私が大悦びしたのは、この前の研究会のあとも浜作だったのに、川端柳の下の露店の酒が、名のある店の酒より好きな仲間が私の袖をひっぱったので、浜作に行きそびれたからである。昔も今も、浜作の料理には、おだやかな節度に包まれた、旬の味、旬の匂いがする。

さて、タクシーに分乗して東一条の研究所から祇園富永町の浜作に向かう。車内には、先ほどの研究会の空気はもう尾を曳いていない。先生一流の冗談口に笑いが爆発する。そしてこの雰囲気がそのまま浜作のお座敷に持ち込まれる。次つぎに卓上に並ぶ佳肴をむしゃむしゃ食って、食ったものについては黙っている連中のなか、先生はそうではなかった。控えているお内儀さんに、

「このさかなは何え？」

「今日は鰆と違うて、真名鰹の味噌漬どす」

「うまいもんやねぇ」

ある夜、浜作の別座敷には、吉川幸次郎先生とその一行、『中国詩人選』の著者たちが宴会中。やがて、向うとこちらと、ふたつは合流する。こうなると渦のながれ行く先はお茶屋と極まっていた。

学を好み、学を好むと同じほど食を好まれた京都学派の先生方が、会食の場に浜作をよく使われていた時代は、戦後からおよそ昭和五十年代半ば、出版界が不況に陥る頃までつづいた。

その後も、独酌のつもりで、浜作のカウンターに

きて座られたお互いが、ともに舌つづみを打ち、食器をほめ、談論風発ののち、左右に別れ去って行かれる先生方のお姿が、今もまぶたに甦る。

帰らぬ昔がなつかしい。

だが、浜作はけっして過去の店ではない。ご当主、三代目森川裕之さんが父祖代々の割烹をりっぱに守り育てている人なのは、まさにこの本が示している。

ご贔屓客はあとを絶たない。そしてクラシック音楽通のご当主には、先代とはまた一味ちがった「知音(ちいん)」の客も少なくない。食後、案内される階上のサロン室には、満ち足りた、なごやかな、上等の時間が、ゆるやかにながれている。

上：桑原武夫先生の文化勲章受章記念の小皿
下：桑原先生古希記念の杯

杉本秀太郎さんは2015年にご逝去されました。

四季ある日本

春

春は万物の生命の始まり、芽生えの季節です。
色では青、すなわち「青春」。
東西南北では東、「日の出」の方角をさします。
寒さに耐え、出番を待っていた食材が、
桜の便りを聞く頃になると彩りよく出揃います。
特に筍はその代表で、旺盛な生気を
逃さないよう手早く、また持ち味を活かした
淡い味付けを心掛けるべきであります。

西山翠嶂画「筍」

夏

夏は燃える太陽の季節、
色では赤、すなわち「朱夏」。
方角は南、火を表します。
緑も深く葉も繁り、まさに精気繁栄の時であります。
しかしながら高温多湿の京都では古来、
夏を無事に乗り越える「夏越」こそ
最大の難事でありました。
身体の熱や火照りを鎮める為、
水気の確保が必須となり、
故に塩加減の工夫が一にも二にも肝要となります。
合わせて酸味を表にも隠し味にも活躍させます。
また口当たりの爽やかさを大切に、
盛り付けの色合いや設えには
必ず「涼」の心持ちをお忘れなく。

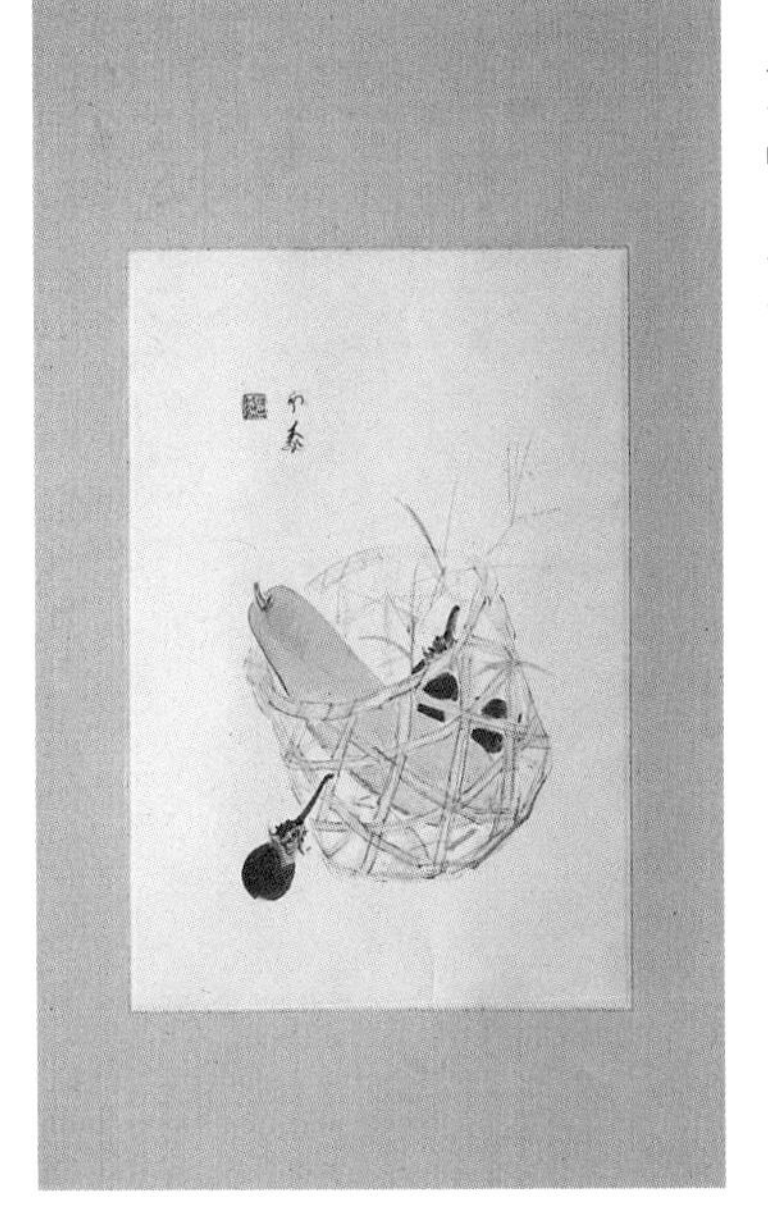

堂本印象画「清夏双味」

秋

秋は成熟、実りの季節です。色では白、すなわち「白秋」。
方角は西、すなわち「日の入」をさします。
古来日本は、瑞穂（みずほ）の国といわれ、
郷の田一面に稲穂が実った風景は
まさに「常受天福」の賜物であります。
山々が色づくにしたがって山の幸が
ちらほらと出始め、食卓も賑やかになります。
日に日に海の幸も旨味を増し、味わい深く、
夜長の晩酌も一献また一献と……
豊富な材料も揃う一番良い季節です。
普段よりひと手間、ふた手間かけて、じっくりと
お料理に取り組みたくなる時ではないでしょうか。

福田平八郎画「みのり」

冬

冬は枯淡、終結。方角は北。
色は黒、即ち玄冬素雪。
モノトーンが支配する水墨画の世界であります。
寒さ増し、満を持しての、
まさに京野菜の主役である
海老芋や蕪の登場であります。
夏とは反対に料理や器、備えすべてに
暖、温を念頭に置き、生姜や葛などの
温熱効果のある名脇役をも活用します。
寒さでややもすれば出不精になりがちな
お家の食卓が寂しくならぬように、
はんなりと心温まる御料理をめざします。

木枯らしの　寒さもここは知らぬげに
色とりどりの　花の顔見世

淡々斎

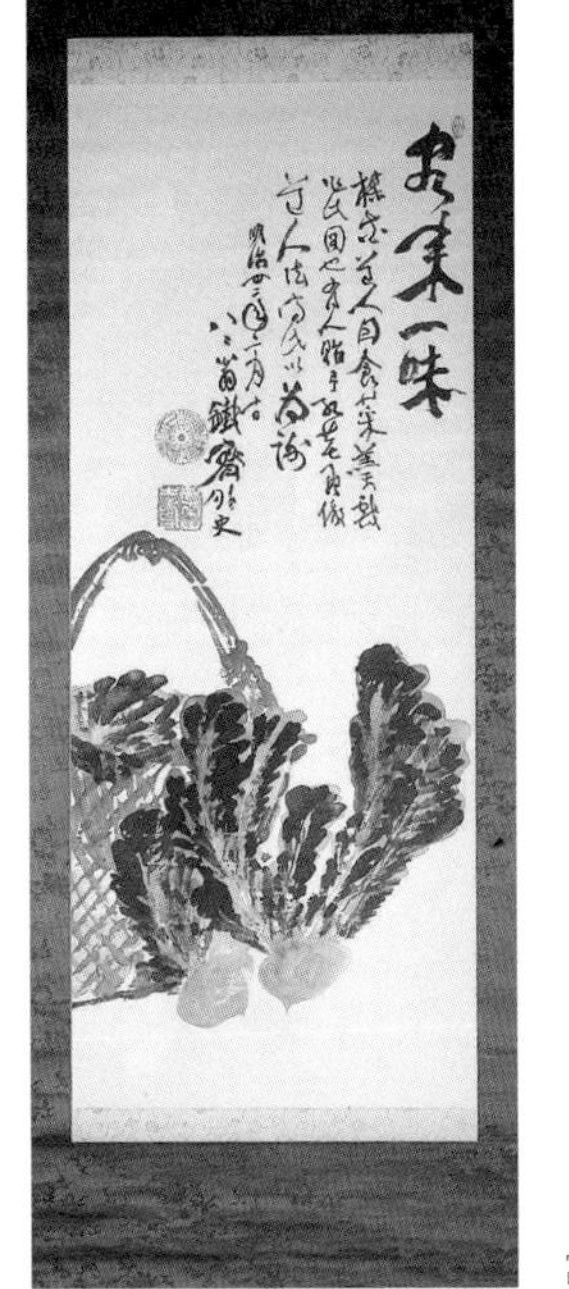

富岡鐵齋筆「赤かぶ」

お料理の基本

世間では「料理は真心が第一」というキャッチコピーが広く人口に膾炙しております。私は祖父や父から何事をするにあたっても、常々「気合が入っていない」とか「根性が足りない」とか怒られていたせいもあって、若い頃はその精神論をベースにした料理哲学に反発心を抱いておりました。あくまで、美味しい料理は技術とレシピが作るものだと考えていたのであります。

しかし今この歳になってみて、自分が親父たちとまったく同じことを考えていることに気づきました。いかに機械技術が発達して、例えば電子ピアノでショパンのエチュードを完全に楽譜通りに演奏することが可能になりましても、そこにあるのは技術への驚嘆だけであって、コルトーやホロヴィッツの演奏を聴いた時のような、心からの感動を得ることは絶対にありません。なぜなら電子ピアノには心がないからです。恐縮ですが、やはり作り手に真心がなければ、人に感動を与えることはできません。

有名料亭はまず御献立を考え、高価な食材を何時間もかけて丁寧に下ごしらえをし、お客様をお迎えするというのが本来です。しかし、ご家庭でのおさんどんは、込み入った複雑な御料理を作る時間的余裕も、また人手もままならないものでありましょう。一方私どもが始めました板前割烹というのは、ほぼすべての工程をお客様がおいでになった後、目の前でリアルタイムで一品一品お出しするものです。この点において私たちのスタイルが、ご家庭の御料理の実践に、よりご参考になりやすいのではないかと思っております。

この本では、まったく料理経験のない方でも一から料理に挑戦できるよう、できる限り手順を詳しく書き、レシピを添えました。しかし、あくまでこれは標準的な作り方をご紹介しているわけで、これをご参考になさってくり返しくり返しお試しになり、ご自分のレパートリーに加えて頂く努力をお願いしなければなりません。

極端なことを言えば、お料理に近道やコツはありません。一段一段坂道を上がることにより段々と上達し、その積み重ねた経験により、自然と道が開けてくるものなのであります。

料理心得帖 1

——基本編

湯川秀樹筆「事通物隔」時代孔雀更紗文額

道具

皆様は、食べ物を扱う店で一番大事なものは何だとお考えになりますか。私は清潔感であると思います。料理が美味しい、不味いという問題以前に、食べ物がお口を経て体内に取り込まれるものである以上、衛生的で安全なものでなければいけません。幸田文先生が、「変なものを食わされると、『一度口から入ったものは取り出すことが出来ないんだ。お前どう責任を取るんだ』」と、父上の露伴先生から怒られたという逸話を残されております。

だいたい料理屋では、本当に料理に携わっている時間の割合は意外と短いもので、入門して間もない新米は、そのほとんどの時間を掃除と鍋磨きに費やします。通常は、鍋洗いと申しますが、あえて鍋磨きといたしましたのは、これを写真のように自分の顔が映るまでピカピカに磨き上げるのが、料理人の心意気を示すものであります。

いつぞや、俵屋旅館の佐藤年様がお食事にこられ、カウンター越しに確か、野菜を煮焚きしている時、じっとその鍋をご覧になり、「良いお鍋ですね」「角がとれてちょうど使い易いでしょうね」とおっしゃった事がございました。私は思わず「親父の代から、もう何十年も経っているので、もう直ぐ、底に穴が空くかもしれません」とお応えしました。佐藤様は「こういう、永く使い続けたお鍋や包丁こそ浜作さんの歴史そのものですから、大切にしてあげて下さいませ」と道具に対し、大変敬意を込めて、おっしゃいました。

「洗練されたおもてなしの心」を芸術の域にまで高められた、尊敬する大先輩の情のこもったお言葉を肝に命じた、一夕でございました。

40～60年使い込んだ坊主鍋、当たり鉢、ちろり、片口。

写真右から、2本は先代愛用の柳刃、薄刃、当代使用の柳刃、40年使い刃先が半分になったハモ骨切り、てっ引き、洋刀。

包丁の使い方

私の子供の頃「包丁一本さらしにまいて、旅に出るのが板場の修業……」という流行歌が大ヒットしました。正に包丁は、お侍の刀に匹敵する料理人の魂ともいえるシンボルです。写真の包丁はすべて二十年から四十年以上使い慣らしたものばかりでございます。これぞ用の美と申しますか、それぞれ独特の存在感を醸し出しております。極端に細いもの（柄が摩耗して金属が露出している）などは、亡父が愛用していたもので、四十年は使い込んでおります。それぞれ思い入れがたくさんあってなかなか捨てられず、出番が来ればいつでも使えるよう研ぎ上げて待機させてあります。

新品の包丁というものは、カチカチに糊が効きすぎたカッターシャツのように、握った感じも切れ味もどこか窮屈で、大変使いにくいものであります。角がとれるというか、本当に手になじむようになるには、やはり二、三年はかかります。

玄人は一応、柳刃（造り包丁）、出刃、薄刃、骨切り、てっ引きと大体五種類を用途に合わせて使い分けております。しかし、ご家庭では、出刃包丁は一本別に要るとして、あとは少し良質でしっかりとしたステンレス製の洋刀が一本あれば、使いまわしができ、錆もつかず、充分用を足すことができます。本格的な日本包丁を揃えても、なかなかうまく研げず、ここが皆様ご苦労なさる点ではないでしょうか。

宝の持ち腐れにならないよう、まず一本そこそこのものをお買い求めになり、切るなり研ぐなり、とにかく使い続けて、包丁を持つという動作にお慣れになることが第一でございましょう。

有次

かれい薄造り（写真奥）

底層魚である鰈は水圧を一身に受ける為、
身が引き締まった硬い魚です。
比較的薄く切ることにより独特の歯ごたえと
さわやかさが生まれ、又、橙酢など柑橘の酸を
加えることにより、生魚が苦手な方でも
抵抗なく召し上がって頂けます。

〈材料〉

鰈……1尾
赤おろし（220頁参照）
紅たで、橙酢（221頁参照）

〈作り方〉

1 鰈は水洗いして5枚におろし（写真①）、皮をひく（写真②）。上身は皮をひいた面を下にして向こうが山（高い方）、手前が谷（低い方）になるように置き、厚さ2㎜位にへぎ造りする＝薄造りする（写真③）。「向こう側が高く、引き終わりが低い方が断然包丁が使いやすくなります。薄造りという名のごとく普通のへぎ造りよりは明らかに薄くなければなりません。1〜2枚試食して、この厚さを自分でお加減して下さい」。

2 器に密着させるように放射線状に並べる。赤おろし、紅たで、橙酢を添える。

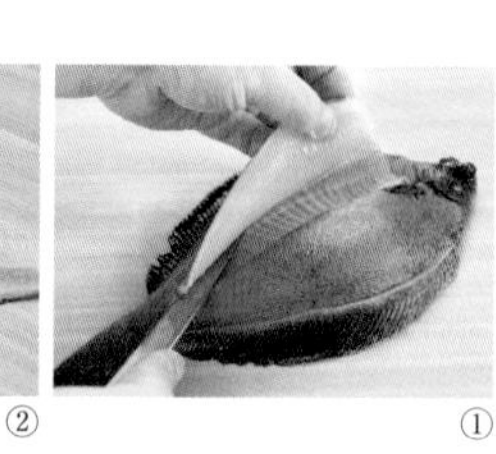

① ② ③

しび鮪のお造り（写真手前）

昔から京都では本鮪をあまり使わず、
このしび鮪（富山氷見港産）を当店などは
松魚「かつお」と称して献立にのせておりました。
比較的小ぶりの鮪なので筋が気にならず、
あっさりとした味わいというのが
京都人好みの理由であるのではないでしょうか。

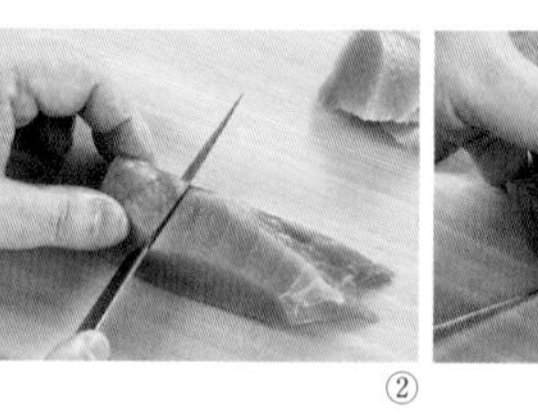

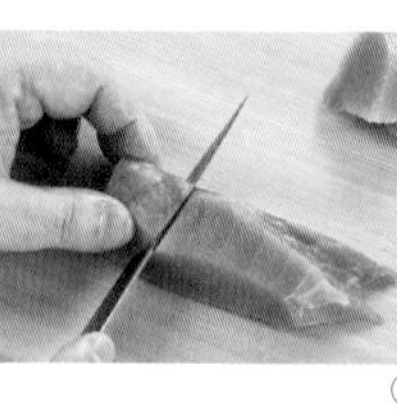

① ② ③

〈材料〉

しび鮪……適量
花付き胡瓜、山葵、濃口醤油

〈作り方〉

1 鮪は皮をひく。「皮と身の間が一番脂がのっている美味しいところなので、皮に身がつかないようなるべく薄く、丁寧にひいて下さい」。

2 使う分だけを切りはずして縦三等分にし（写真①）、それを横にして包丁の刃全体を使うように弧を描きながら角造りする（写真②③）。「包丁を入れる回数は必要最低限にとどめます。回数が多ければ多いほど造り身は劣化し、水気が出てしまい、舌触りが悪くなります。しび鮪は比較的身が柔らかいのでコロッとした感じに厚めに切ります」。

3 中心が高くなるように立体的に盛り込み、花付き胡瓜と山葵、濃口醤油を添える。

富本憲吉造 芦絵丸皿（奥）
永楽保全造 半開扇面向付、叶 松谷造 祥瑞猪口（中）
樂覚入造 葵向付、叶 松谷造 猪口（手前）

鯛の昆布締め

お造りは当然生魚ですので刻々と鮮度が落ち、旨味が失われていきます。故に少し塩をして昆布で締めることにより、その劣化を補い、別味が加わり、賞味時間を格段に引き延ばすことができます。作り置きするのに便利なお造りです。

〈材料〉

鯛……½尾
昆布……2枚
山葵
割出醤油[冷やした出汁、薄口醤油、米酢、柑橘の果汁]
柚子
塩

〈作り方〉

1 鯛は3枚におろし(写真①②)、4つの柵に木取る。背方の皮をひき(写真③)、5cm位の長さに切り分け、更に3枚にへぎ(写真④)、横にして7mmの棒状に切る(写真⑤)。
「上身、下身それぞれの背、腹、この4つの柵に分けることを〝木取る〟といいます。厚さと幅が大体同じ位になるように切ると良いでしょう」。

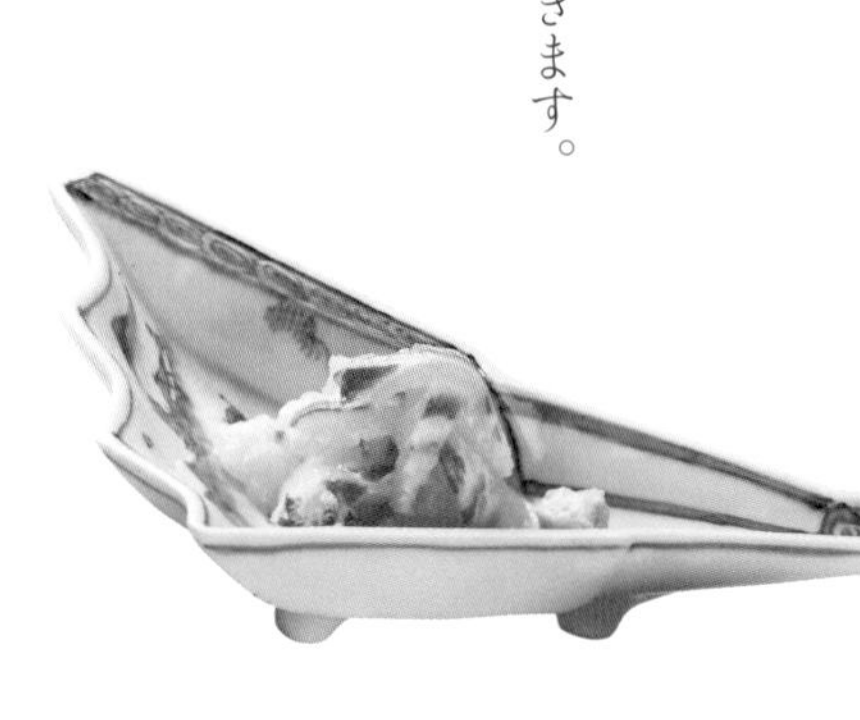

2 1に塩をして15分程置き、昆布で両面からはさみ(写真⑥)、軽く重しをする。
「30分位で仕上げたものはまだ普通の細造りに近く、昆布の風味は薄いのですが持ち味が残ります。4〜5時間置いたものは完全に昆布の味が移り、より濃厚な味わいとなります。締め置く時間を変えると、それぞれ好みに仕上げることができます」。

3 3本位ずつを十字に盛り、その間を詰めていくように杉盛りし、山葵を添える。
「鯛の長さは、鯛自体の形状により均等ではありません。比較的短いものを初めに盛り、比較的長いもの、又紅白の色目の残ったものを表面に盛って仕上げると形も良く、色も鮮やかに仕上がります」。

4 冷やした出汁3に対し、薄口醤油1、米酢0・3、柑橘の果汁0・3を合わせて割出醤油を作り、ふり柚子をして添える。

野菜の切り方

写真奥から時計回りに、
1：拍子木切り（写真①②）2：短冊切り（写真③）3：せん切り（写真④⑤）4：いちょう切り（写真⑥）

野菜はそれぞれ用途により切り方を工夫することが肝心です。当然のこととして、そのお料理の中で大きく厚く切れば存在感が増し、脇役にする時は小さく、細く、細かく刻んだりすると主役の邪魔をすることがありません。

ここでは、まず、皮を厚くむき、普通お魚を切る時には、包丁の元から先を使って弧を描くように包丁を使いますが、野菜を切る時は先から元にかけてなるべく包丁の刃の全体を使って押すように一回で切ります。この時、上下の力と前後の力がバランス良く組み合わさると切り口が滑らかになり、初めて物を切ったという快い感覚が生まれます。大抵は包丁をのこぎりのようにギコギコと動かし、無駄な力が入り表面が裂けるようになってしまうことが多いようです。

本来、一回で包丁することにより切断面は完全なる平面でなければなりません。平面でないと、そのまま召し上がる場合は舌触りが悪く、茹でる時は対流するお湯の抵抗を生み、そこから煮崩れてしまうという弊害が出ます。

比較的薄い厚さの長方形を「短冊」、厚さと幅が同じものを「拍子木」、棒状にして薄く刻む「いちょう切り」なども「小口切り」と呼びます。一番大事なことは、面にギザギザを作らず平面を作るということです。

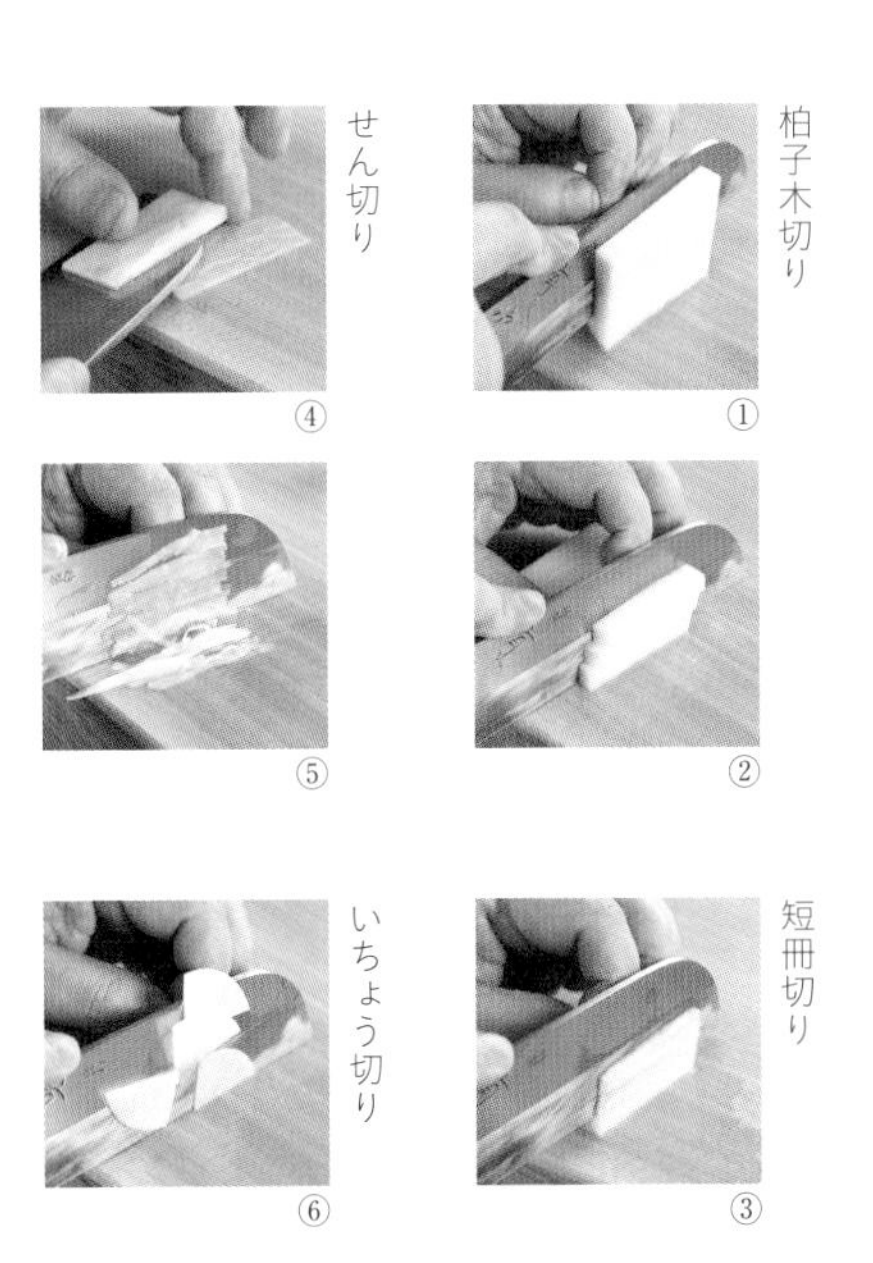

柏子木切り ① ②
短冊切り ③
せん切り ④ ⑤
いちょう切り ⑥

御贔屓献立帖（ごひいきこんだてちょう）

谷崎潤一郎

たにざき・じゅんいちろう（1886-1965年）
作家。『痴人の愛』『細雪』など。『源氏物語』の現代語訳でも知られる。文化勲章受章者。

「我といふ人の心はたゞひとり
われより他に知る人はなし」
谷崎潤一郎筆による塗り丸盆

昭和三〇年代ノ初頭、アル夏ノ日、先生ハ突然、松竹ノ城戸四郎社長ト御二人デ来店ナサレマシタ。昼時ガ過ギ、三時頃ダッタセイモアリ、祖父モ父モ祖母モ生憎出掛ケ、嫁ニ来タバカリノ母ト若イ衆ガ留守番トシテ残ッテイルダケデゴザイマシタ。

先生ハカウンターニ御座リニナルナリ、「鱧が食べたい」トダケオッシャイマシタ。母ハ急イデ魚屋カラ鱧ヲ取リ寄セ、御湯ヲ沸カシテヒタスラ祖父ノ帰リヲ待チマシタ。御二方ハ其ノ間一言モ御話シニナラズ、姿勢モ崩サズ、端然ト御待チニナリマシタ。ヤガテ一時間半余リ、時候ハ夏ノ真盛リ、今ト違ッテクーラーハ無ク、西日ガ射シテ蒸シ暑サガ増シ、先生方ノ我慢モモウ限界ト母ガ思ッタ時、祖父ガ何食ワヌ顔デ帰ッテ参リマシタ。

「先生、おおきに」トダケ挨拶ヲ申シ上ゲルト、イキナリ腕捲リヲシテ包丁ヲ握リ、骨切リヲ始メマシタ。其ノ時、御出シ致シマシタノガ、コノ御献立デゴザイマス。最後ノ鱧ノ小丼ヲ召シ上ガルト、先生ハ「じゃあ」ト祖父ニ手ヲ挙ゲテ、何事モ無カッタカノヨウニ悠々ト御帰リニナリマシタ。大先生ト大社長ヲ前ニシテ、何モ出来ズヤキモキト緊張シタ時間ヲ余程長ク、マタ心細ク感ジタノカ、母ハ幾度トナク私ニコノ話ヲ聞カセマシタ。

永楽即全造 染付花の都碗（奥）
朱塗唐草蒔絵椀（手前）
元禄記祇園社屏風

鱧の葛たたき（写真手前）

鱧（500g位のもの）は骨切りして10cm程に切り、葛粉を打ってよく払う。海水位の塩分濃度のよく煮立った湯の中に身を下にして丸めるように入れる。充分鱧に火が通り、旨味が引き出され、葛粉が柔らかくなったら椀盛りし、吸地を注ぐ。管牛蒡、瓜、青柚子をあしらう。

鱧まむし（写真奥）

骨切りした鱧は串を打って皮目、身の順に充分白焼きし、かけ醤油を2回かけて焼き上げる。細切りにして熱ご飯の上にのせ、木の芽を添える。

御贔屓献立帖（ごひいきこんだてちょう）

市川右太衛門

いちかわ・うたえもん（1907-1999年）
映画俳優。代表作は「旗本退屈男」など。
北大路欣也の父。

高度成長期、未ダテレビガ普及スルマデ、娯楽ノ王様ハ映画デゴザイマシタ。松竹、東映、大映ト大撮影所ハ軒並ミ京都ニ本拠地ヲ構ヘ、長ラク日本ノハリウッドトマデ呼バレテオリマシタ。中デモ時代劇ハ勧善懲悪ノ簡潔ナストーリート派手ナ立回リデ大衆ノ心ヲ摑ミマシタ。市川右太衛門先生ハ、ソノ立派ナ風貌ト、豪快デ明ルイ御人柄カラ、数アルスターノ中デモ、御大ト皆カラ慕ワレテオラレマシタ。三日ニアケズ浜作ノカウンターニ御通イイタダキ、衣装ヲ着ケズトモ店内ヲ圧スル其ノ華ヤカサハ、イツカ衆目ノ知ルトコロトナリ、映画関係者ノ間デハ「御大ニ用ガアル時ハ浜作ヘ行ケ」ト言ワレタ程デゴザイマシタ。時代劇ノ王者ハ、ヤハリ魚ノ王者デアル鯛ヲ殊ノ外好マレ、来ル日モ来ル日モイツモ鯛ヲ御注文ナサイマシタ。華麗ナ先生ノ堂々タル風格ヲ偲ビ、叶松谷先生ノ、五色ノ金襴手馬上杯ニ御造リヲ盛合セマシタ。

叶 松谷造 五色金襴手馬上杯

お造り五色

手前左より　鯛、しび鮪と鯛
奥左より　縞鯵と車海老、鯛、
烏賊と赤貝と鰈

御贔屓献立帖（ごひいきこんだてちょう）

阪東妻三郎

ばんどう・つまさぶろう（1901-1953年）
映画俳優。代表作は「無法松の一生」など。田村高廣、
正和、亮三兄弟の父。

右太衛門御大ト並ンデ御贔屓イタダキマシタノガ、昭和ノ剣戟王ト謳ワレタ阪東妻三郎先生デシタ。若クシテ独立プロダクションヲ興シ、映画制作マデ自ラ携ワラレ、数々ノ名作、意欲作ヲ世ニ残サレタ先生ハ、黎明期ノ映画界ヲ代表スルマサニ大立者デゴザイマシタ。志半バデ昭和二十八年ニ急逝サレルマデ、足繁ク御来店イタダキマシタ。晩年ノ代表作デアル「破れ太鼓」ノ撮影時ニハ、木下惠介先生ト連日連夜オ見エニナリ、ソノ時祖父ト三人並ンデ写シタ写真ガ今モ残ッテオリマス。以後、御長男ノ田村高廣様ト亡父トハ心友トモ言エル程、親シク御付キ合イヲ続ケサセテイタダキマシタ。手前味噌ナガラ私モ大ノ阪妻先生ノファンノ一人デ、「王将」「無法松の一生」ナドハ他ノ追随ヲ許サズ、一言一言ノ台詞ニ万感ノ情ガ籠リ、六十年以上前ノ作品デアルニモカカワラズ、思ワズ落涙スルノハ、律儀デ誠心誠意役柄ニ成リ切ラレタ御精進ノ賜物デアリマショウ。阪妻先生モ剣戟王ノ名ノ通リ、鯛ガ大好物デ、本日ハ潮汁ト鯛茶ヲ再現イタシマシタ。

鯛茶漬け（写真手前）

煎り胡麻を軽く当たり、薄口醤油と濃口醤油を同量ずつ合わせて徐々に混ぜ込み、どろどろの胡麻醤油を作る。鯛のお造りをそのまま胡麻醤油をつけて召し上がってもよし、ご飯の上にのせてもよし。最後に熱々のお煎茶をかけ、山葵と海苔を添えると鯛茶漬けとなる。

鯛の潮汁（写真奥）

鯛の頭は強く塩をして30分以上置き、霜降りして血合いや汚れ、鱗を取る。鍋に昆布を敷き、鯛の頭、ひたひたの水を入れて弱火にかける。沸いてきたらアクを取り、水の量の2割の酒を注ぐ。ことこと15〜16分出汁を抽出し、鯛は椀盛りし、汁は漉して薄口醤油、塩、しぼり生姜で加減して熱々を注ぐ。より独活を入れ、木の芽を天盛りする。

刷毛目高台寺蒔絵椀（奥）
永楽即全造 仁清写麦藁蓋向付（手前）

御贔屓献立帖（ごひいきこんだてちょう）

映画人

溝口健二、吉村公三郎、田中絹代、山田五十鈴、京マチ子

昭和25年、「偽れる盛装」の撮影にての初代

「ふぐ」ハ漢字ノ「福」ノ縁起ヲ担イデ「ふく」ト濁ラズ発音致シマス。ナゼカ映画人ハ皆サン「ふく」ガ大好物デアリマシタ。

「安城家の舞踏会」「夜の河」「夜の蝶」ナドデ知ラレル吉村公三郎監督ハ、新藤兼人先生ト、後ニ近代映画協会トイウ独立プロダクションヲ興シ、商業主義ニトラワレナイ、人間性ヲ浮キ彫リニシタ意欲作ヲ次々ト発表ナサッタ名監督デアリマス。其ノ先生ガ浜作ニツイテ詳シク書カレタ「京の食べ物」トイウエッセイガ残サレテオリマス。

「ふぐ（本当はふくという）の刺身も生まれて初めてで、京都というところは、なんて美味いもののあるところだろうと感嘆したのもそれから数日後、やっぱり溝口監督の馳走になるものである。それは奈良のお水取りに近い、みぞれの降る底冷えする晩だったことをはっきり覚えている。田中絹代さんとの同席だったことも……。当時確かに溝口監督は、田中絹代さんに特別の気持ちを持っておられるようだった。だが女性に対し、至って照れ屋のこの大先輩は照れ隠しのせいか、かえって絹代さんには余り興味のなさそうな国際政治の話をしきりにしておられた。私はそれには全く無関心で、唯ひたすらに、淡泊でコクのあるふぐの刺身と酢醤油、薬味のアサツキとの微妙な味覚の調和に感激し食べ続けていたものである。祇園富永町の浜作の二階座敷であった。その私たちの席へ主人が挨拶に来た。恰幅のいい磊落な人である。これ以来、この人と親しくなり、京都の撮影所で、京都の風俗を扱う映画を撮ることになった私にとって、風俗考証のよき協力者になってくれた。特に、料理に関する知識のほとんどは、この人の教えになるものである」

祖父ノ一本気ナ職人気質ト型破リデ破天荒ナ其ノ生キ様ニ、当時脚本家ノ新藤兼人先生ガ魅セラレ、「偽れる盛装」ニ登場スル「伊勢浜主人」トイウ重要ナ登場人物ノモデルトナサイマシタ。其ノ映画ノ中デ、祖父ガ手際ヨク生キタ伊勢海老ヲサバクワン

永楽妙全造 祥瑞中皿（奥）
古伊万里染付角皿（手前）

ふくの橙蒸し（写真奥）

橙の上から3分、下から7分で切り離し、中身をくり抜く。霜降りしたふくの上身と葱を詰め、12〜13分蒸し、熱々に赤おろしと橙酢をかける。

ふくのてっさ（写真手前）

ふくはさばいて上身にし、薄造りにする。鴨頭葱、紅おろし、橙酢を添える。

シーンハ、祇園ノ本店デロケヂ行イ、実際ニ祖父ノ包丁捌キヂ撮影ナサイマシタ。現存スル映像ヂ見テモ、其ノ冴エ技ハ素晴ラシク、到底私ドモノ及ブベキトコロデハアリマセン。映画全盛期ニコノヨウナ料理場面ヂ本編ニ差シ入レルナド前代未聞デ、当時大評判トナリマシタ。

真ニ当時ノ浜作ハ、松竹、東映、大映ト、アラユル映画人ノサロント化シ、城戸四郎社長、永田雅一社長、大川博社長ヂハジメ、監督ハ溝口健二、吉村公三郎、木下恵介、小津安二郎、伊藤大輔、衣笠貞之介、大曽根辰保、マタ俳優ハ、阪妻、長谷川一夫、右太衛門、千恵蔵、嵐寛、大河内伝次郎、高田浩吉、若手ハ鶴田浩二、雷蔵、錦之助、勝新……、マタ女優ハ田中絹代、山田五十鈴、淡島千景、京マチ子、高杉早苗、高峰秀子、山本富士子、若尾文子……ナド、元ヨリ撮影時間ガ不規則デ定メノナイ業界デゴザイマス。表方カラ裏方マデ、朝カラ晩マデ出タリ入ッタリ、連日連夜テンヤワンヤノ大騒ギデゴザイマシタ。一時期、新聞社ヤ雑誌社ハ俗ニ「浜作番」トイウ担当記者ヤカメラマンヂ置キ、店前ニ張リ込ムトイウ有様デゴザイマシタ。

出汁

日本料理は特に京、大阪を中心に発達してきました出汁を重きとする料理文化です。魚、肉、野菜などを何十時間も煮込んで濃厚なる旨味を抽出するという西洋料理や中華料理とは元来が目的を異にするものです。言わば絶対的な美味を追求するのではなく、気候や年齢、環境その他諸々の状況によって左右され、揺れ動く非常に相対的な存在であると思います。よくお教室の時、生徒さんが「かつおが利いて良いお出汁ですね」などと言われます。実は私はこの時、非常に戸惑いを覚えます。なぜならば、京都の出汁はかつおの個性や昆布の個性が際立ってはいけないからです。かつおや昆布の味が口に残るようでは、最上の一番出汁とはいえません。お吸いものとして調味料で味付けしてお口に含まれた時、「あぁ美味しい」という感覚が大事なのであって、それを構成する昆布やかつお、醤油やみりん、塩などを意識させるようでは本来の良いお吸いものとはいえません。

「堅いんです、堅くなくちゃいけません、堅すぎます」これは江戸古典落語の名人、先代桂文楽師匠の十八番「明烏」で、老練な親旦那が、真面目で世間知らずな、青臭い若旦那の将来を案じて、近所の人に愚痴を言う場面であります。かねてよりこの名文句で私はいつも出汁を連想します。すなわち「美味しいんです、美味しくなくてはいけません、美味しすぎます」ということに置き換えたイメージなのであります。よく祖父、父が味付けの時に旨すぎると言って煮方に駄目出しをしておりました。子供の頃から、なぜ美味しすぎてはいけないのか、美味しければ美味しいほどよいのではないかとずっと疑問を持っておりました。この疑問がようやく解けたのは、毎日カウンターに立ってお料理を作り、色々なお客様に対応してキャリアが二十年を超して、やっと最近のことであります。それは冒頭に申し上げた通り、科学的にイノシン酸、グルタミン酸といったアミノ酸の含有量が多いことが、＝(イコール)「美味しい料理」とは限らないということです。この数式が正しければ世の中で一番美味しいものはインスタントラーメンということになります。押さえつけた、作った強い味を求めるのではなく、「結局日本料理は淡い出汁の力を借りて、素材から本来の味と旨味を引き出す」ということに尽きます。たとえて言うなら出汁は「数寄屋造りにも、町屋造りにも、御殿造りにも対応できる土台の基礎工事」のようなものであります。この「出汁」というものの特性は、あえて余白や余韻を残し、最終の解釈を相手に委ねるという、和歌、俳句、日本画などの誇るべき伝統文化の大系の中にあるものと思っております。

手前から、本枯れかつお節（血合入り）、
本枯れかつお節（血合抜き）、鮪節

右から、真昆布（尾札部産）、羅臼昆布、利尻昆布

出汁の素材

昆布

真昆布（尾札部産）……昆布の王様。どっしりとした深い味わい

羅臼昆布

利尻昆布……主に京料理で使われ、さらっとしているが奥深い味わい

かつお節・鮪節

手間と時間を惜しまず、本格的な出汁を求めるならば、削りたてのかつお節を用いるのが第一です。戦前のご家庭では、お味噌汁をお作りになるため、朝一番でかつおを削ることが主婦の役目でありました。現在では、あらかじめ削ったものをパック詰めにしたものが主流となっております。現実はこれさえも使わず、出汁の素などインスタント食品を用いられる方が断然多いのかもしれません。

鮪節は非常に淡泊で、あっさりとした味わい、本枯れ節は皆様お馴染みの、いかにも出汁といった真っ直ぐな味わいとなります。上の二つはお吸いもの用として適し、より主張の強い「おうどん、おそばのかけ出汁、素麺や天婦羅のつゆ」などには血合入りを加えると、より濃厚なコクが出せます。普段私どもの一番出汁は、利尻昆布と鮪節、本枯れかつお節（血合抜き）を合わせて利用しております。

出汁の取り方

①②③④⑤

〈材料〉

利尻昆布……30g
かつお節……50g
水……1・5ℓ

〈作り方〉

1 昆布は、表面を濡れ布巾でふいて汚れを落とし、ほどよい大きさに切って（写真①）鍋に入れる。常温の水を注いで弱火にかける。
「水は軟水が適しております。硬水だと余分なミネラル分がスムーズな昆布やかつおの味の抽出を妨げます。私はパリで出汁を取った時、硬質なミネラルウォーターを使い、全く予想だにもしない味になり、困惑した経験があります。国内では普通の水道水でも充分だと思います。ミネラルウォーターでも軟水のものは上質の出汁が得られます」。

2 徐々に温度を上げ80度前後にして10分間この温度を保つ（写真②）。
「この時あまり時間をかけすぎると昆布の味が出すぎてくどくなります」。

3 味見して昆布の味を充分認識できたら95度まで温度を上げ、昆布を引き上げる（写真③）。
「絶対に沸騰させてはいけません。沸騰させるとグラグラすることにより酸化が著しく始まります。酸味、えぐみが生じ、透明であるべきはずの出汁が濁ってしまいます」。又、火を最小限までゆるめ、気泡が出ていないことを確かめる。温度を上げすぎて沸騰する危険がある場合は差水をして沸きを抑える。かつお節を少しずつふり入れる（写真④）。

4 「気泡が出ていると上昇水流が生まれるので、この時かつお節を入れても下には沈まず、全体に行きわたらなくなります。ひとつかみを一度に入れてしまうとお湯に触れた部分だけの味が出、中身のかつおが閉じ込められて、充分に抽出することができません。焦らず何回にも分け、全てのかつお節の表面がお湯に接触するよう、丁寧にふり入れて下さい。沸騰させてはいけないのは必須でありますが、この時90度以下に温度を下げてしまうと生臭みが出るので、お湯が冷めてしまうまでに素早く入れなければなりません」。

5 かつお節が全体に広がって沈みつつある時、硬絞りしたネルをかけた水嚢で漉す（写真⑤）。
「この時絞らず落ちるに任せるといった具合にして下さい。押さえて絞ると折角の表層の最良部分だけを取り出した出汁が、次層の持つ味の強さや癖が出てしまい台なしになり、すなわち1・5番出汁になってしまいます」。

都風流

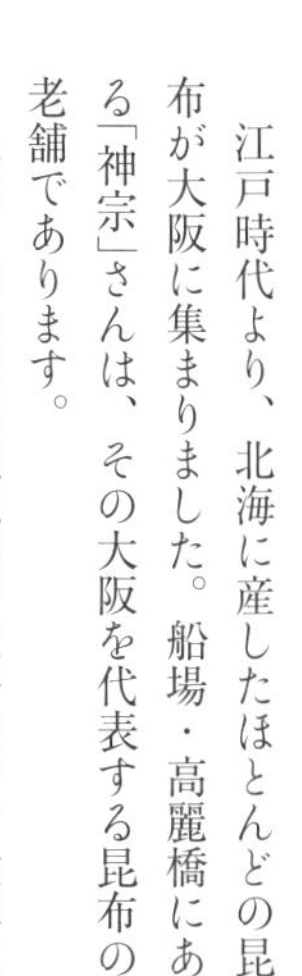

江戸時代より、北海に産したほとんどの昆布が大阪に集まりました。船場・高麗橋にある「神宗」さんは、その大阪を代表する昆布の老舗であります。

私はこのお店の塩昆布が大好物で、食卓には欠かせません。そのご主人の尾崎さんは、ご家庭でいかに簡便に本格的な出汁を取ることができるかというかねてよりの難題に、長年挑戦なさってこられました。

私は二十代より歌舞伎や文楽愛好の同志として親しくお付き合いをさせて頂いたこともあり、何度かその試作に立ち会う機会を得ました。

大阪で好まれる出汁は京都よりどちらかといえば昆布の割合が多く、より旨味が強く、深いものであると思います。そこで当店オリジナルの配合を特に尾崎様にお願いして、「都風流」ブレンドをお作り願っております。尾崎様のおかげで、ご家庭でも祇園本店のお味をお楽しみ頂けると自負いたしております。

都風流を使って―

出汁の取り方

1 都風流1パックをボウルなどにあけ、熱湯カップ2½〜3を注ぐ（写真①）。

2 1分〜1分半そのままおき、専用の不織布で漉す（写真②）。
「この時も、落ちるに任せるといった具合で決して絞らないで下さい」。

＊お取り寄せについては、二一三頁参照。

①

②

調味料のお話

私はカウンターでお味付けをする時、写真の塗り箱に酒、みりん、酢、薄口、濃口、塩を揃えております。よく「浜作さんではどんなお醤油やみりんをお使いになっているのですか」という質問をお客様から受けることがあります。最近では、厳選素材を用いた究極の醤油や至高のみりんといった高価な調味料が店頭に並んでおりますが、当店では良質ではありますが、ごく普通の調味料を毎日使用しております。たぶん皆様方のご家庭でお使いになっているものと変わらないと思います。

あくまで、調味料は料理の素材を美味しくいただくための脇役であって、いかに高価なものであっても、個性を主張しすぎるものは適当ではありません。かといって、化学的な旨味成分を含んでいるものは、その時美味しく感じても、後味が悪く、これも極力避けるべきであります。

塩は言うまでもなく生命の維持に絶対必要なものであります。また、味付けに用いるばかりではなく、素材の下ごしらえ（ふり塩、べた塩、たて塩など）にも使用頻度の高いものであります。精製された塩化ナトリウムは直接的で、味に角が立ちます。かといって人工的に旨味成分を加味したものは、本来の素材の持ち味の邪魔をしてしまいます。普段お使いになるには、いわゆる粗塩で充分です。海産物には海の塩、鶏や牛などの肉類には山の岩塩が相性が良いのではないでしょうか。

京料理の味付けの主体は、薄口醤油であります。色彩を崩すことなく、また素材の持ち味を活かしながら、しっかりと飽きのこない味を構成するには、この薄口醤油が不可欠であります。色から判断すると、慣れないお方は味がついていないように思われますが、実は塩分は濃口醤油よりも多く含んでおります。吸いものはもちろん、焚き合わせなど幅広く用います。

反対に、濃口醤油は醤油の風味、持ち味を前面に出したい時（佃煮やべっこう煮、甘辛煮などしっかりと煮込むお料理）に最適です。また、お造り（刺身）など、生成りを直接お召し上がりになるには、断然濃口が活躍いたします。

当店では、極力砂糖を使わないように努力しております。なぜなら甘みの力は強く、他の味をかき分けてまで、前へ出ようとしてしまうからであります。その点、みりんは他の調味料との相性も良く、まろやかな甘みを生み出してくれます。

お酒は生臭みを消したり、調味料を加える時の緩衝材（クッション）として使うと、大変便利なものです。

お酒を加えることにより、それぞれの調味料の過剰な個性を吸収し、京料理独特のまろやかさを生むことができます。

お料理の香り

①

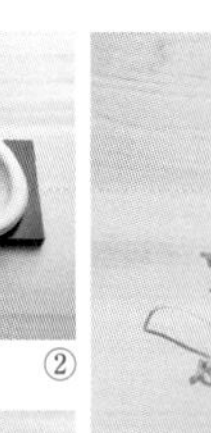
②

③

味はなんとかレシピを通じて間接的にはお伝えできるかもしれません。しかし、言葉や写真では皆様にお伝えすることが一番難しいものは「香り」ではないでしょうか。古く大航海時代より肉食が中心であった西洋人にとっては、その臭みを消すためには胡椒をはじめとした香辛料が金銀と同じ価値を持っていたというのも至極当然のことです。その点、四方を海に囲まれ、また山地が多い我が国では、海、山とも新鮮な材料を入手することができました。その為、日本料理の香辛料は、臭みを消すというよりも、その料理との相性の良い香りを加えることにより、味わいと風味を豊かにすることが目的であると思います。

特に京都では在所と呼ばれる里山が間近に迫り、手軽に山椒や柚子を手に入れることができます。この二つこそ、京料理に絶対に欠くべからざる「香りの両横綱」であります。また、世界で唯一、魚を生の状態で食するという料理法を何百年にわたり精練せしめたお造り＝刺身には、山葵や生姜が必須です。

山葵 ①

山葵のないお造りなど考えられないほど、山葵と醤油の組み合わせは絶対的存在です。味、香りはもちろんのこと、抗菌作用を併せもつ、日本固有の香辛料です。しかしその品質は、まさにピンからキリまで、2年栽培物（写真①）から、チューブ入りまで、品質には雲泥の差が生じます。信州安曇野の有賀わさび園さんの山葵は、苗からの一貫生産で、その香り、味、色、冴え渡った辛さなど、数ある名産品の中でも群を抜いた逸品。

生姜

臭みを取り除くだけでなく、漢方薬としての効用も実証されております。

山椒 ②

春の訪れを告げるもっとも代表的な香りは山椒の木の芽であります。木の芽、花山椒、実山椒と期間は短いですが、筍や旬のお料理に際立った存在感を示します。

柚子 ③

写真は、反時計回りに、一番小さい白いものが花柚子、実柚子となり、青柚子が徐々に成長し、最後完熟すると、黄柚子となります。季節は初夏から始まり、はじめはさっぱり、すっきり感を持ち味とし、徐々に濃厚に柚子の香が増します。

料理心得帖2

——料理編

山口華楊画「メロンと桃」

焚きもの

京都のお料理のイメージというと、皆様は第一に薄味で焚いた野菜を思い浮かべられるのではないでしょうか。京、大阪ではあまり「煮る」とは言わず、通常「炊く」、「焚く」と申します。決して、薄い＝水くさいを目標としている訳ではありません。あくまで素材を活かす為に味を付けすぎないということが大事なのであります。又、「焚き合わせ」というからには、その組み合わせ＝構成を考えねばなりません。その時、基となる観念が「シテ」（主役）と「ワキ」（脇役）、「淡」と「濃」、「柔」と「剛」のコントラストであります。

京都では先達が残した「相性」＝「出会いもの」という道標が継承されてまいりました。季節によって移り変わる旬の京野菜をより美味しく頂く為、貴重な海山の幸を色々と組み合わせた結果、最良のコンビが生まれました。食材をお買い求めになる時、まずこの主役（例えば冬なら蕪や大根、夏なら茄子など）をお決めになり、御献立をお考えになってはいかがでしょうか。

実際に料理する上で焚くということは、火を通すことによって「食べやすい状態にする」ということと、味付けをして「美味しくする」という二つの目的があります。四季折々の食材には個性があります。その個性をいわゆる「旨味」＝「滋味」に変える為には、それぞれに合ったこの二つの行動の組み合わせを工夫せねばなりません。大まかに申しますと、食べやすい状態にするということは素材を湯がいたり、蒸したりしてしっかり火を通すと同時にアクを取ったり、エグミを取ったり、クセを取るといった下ごしらえの意味合いも兼ね備えています。料理屋ではよく青み野菜の緑色をより鮮やかに仕上げたいばかりに、浅めに湯がきがちになります。しかし、やはり硬すぎては素材の味を引き出すことはできません。色合いよりも味を優先するのが本来であります。

「美味しくする」ということで一番大事なのは、出汁でしっかりと焚くということであります。この出汁煮込みをしっかりとしてさえおけば、まず失敗ということは起こりません。あとは味付けの心得で申し上げます通り、お味見をしながら順に調味料を加え、お味付けをして頂ければよろしいという訳でございます。

主人自筆のチャート式献立帖控え

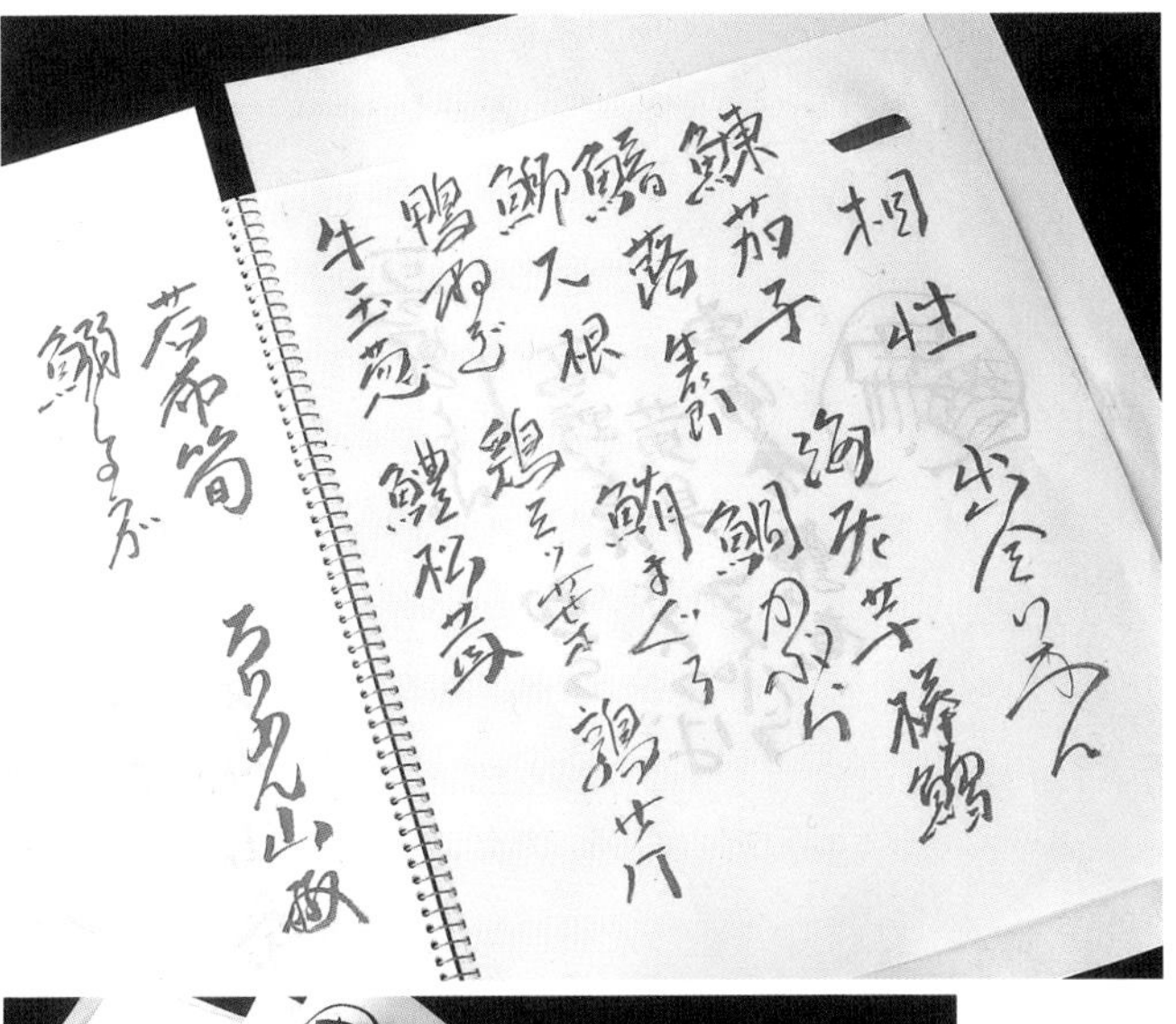

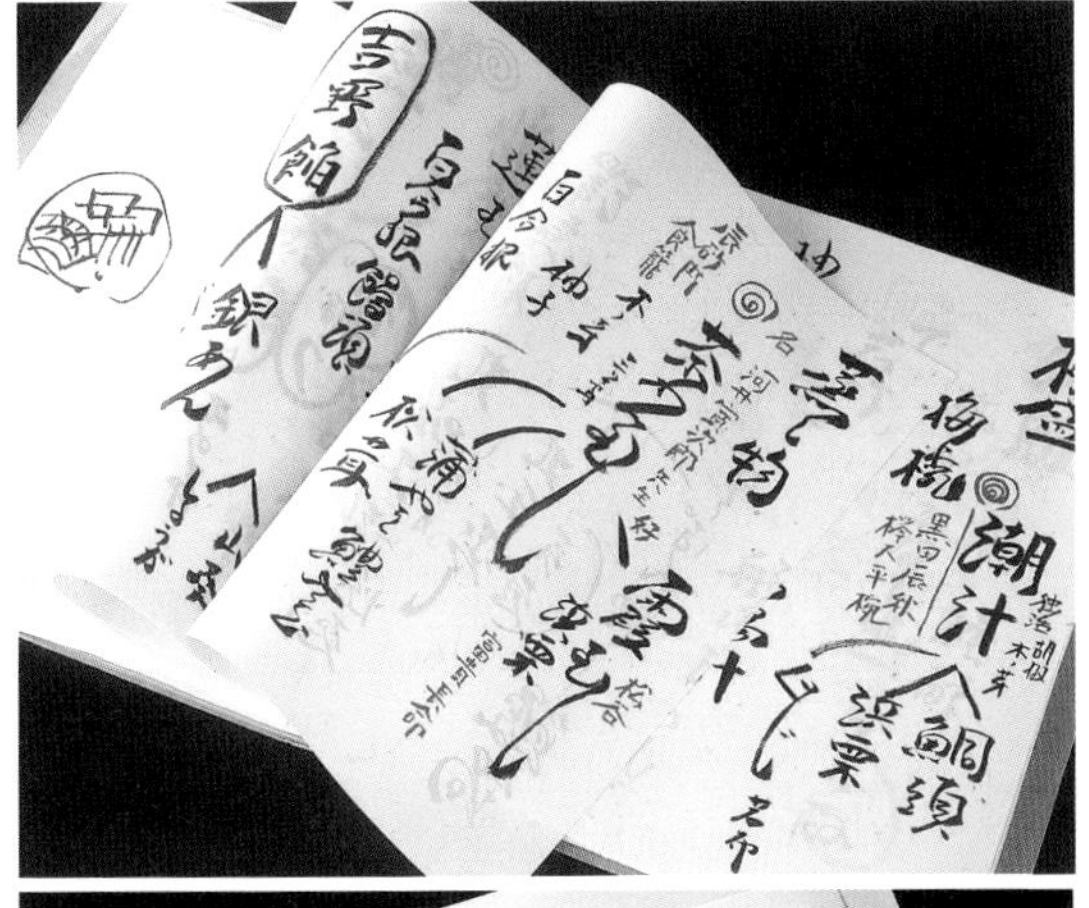

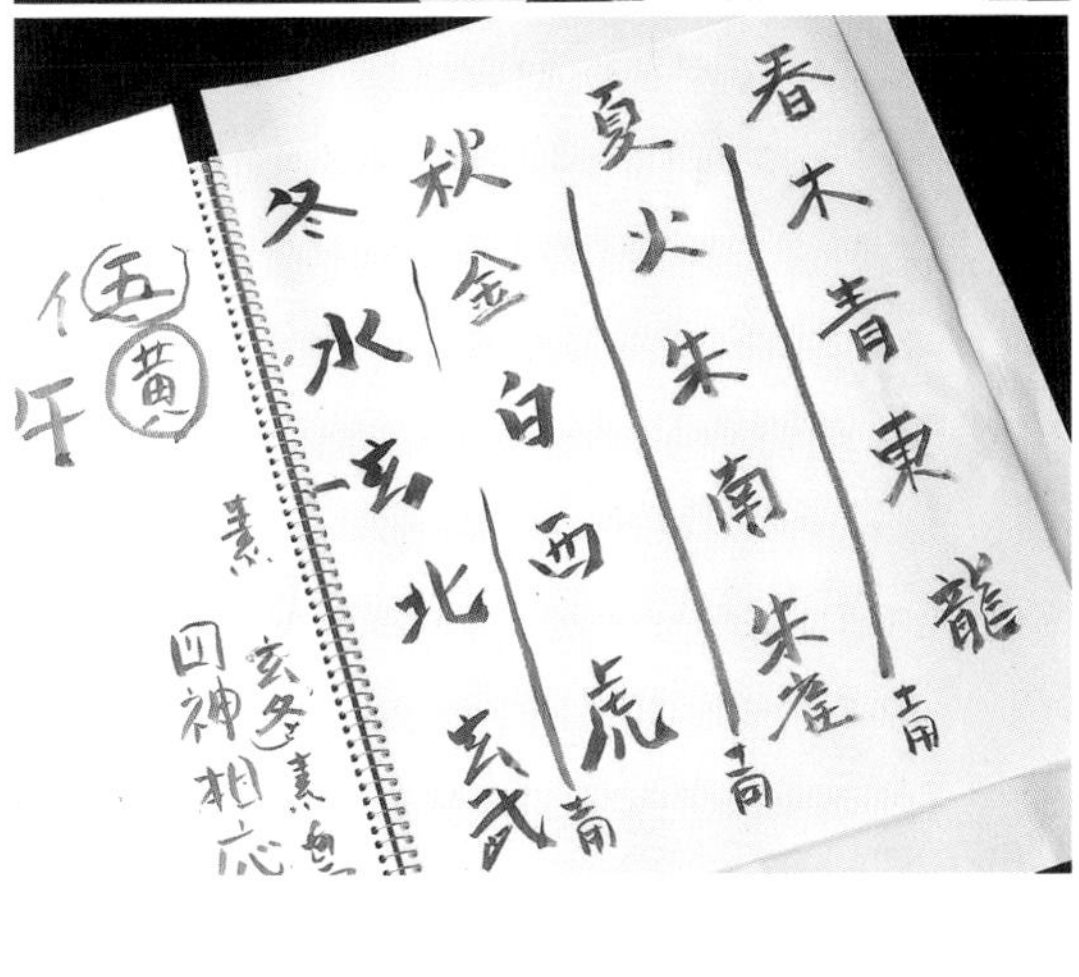

ご家庭では手っ取り早くこの二つを一緒くたにしがちですが、やはりもう一度この点に留意してお試し頂くと、きっと新たな味の発見があるのではないかと思っております。

出会いもの例

鰊	茄子
鯛	蕪
鱧	松茸
鰤	大根
葱	鮪
若布	筍
海老芋	棒だら
鴨	葱
牛	玉葱
豚	じゃが芋
鶏	三つ葉
鶉	芹
蕗	生節
牛蒡	鰻、どじょう
浜栗	独活
浅利	三つ葉
蛸、床ぶし	大根

にしん茄子 二種

個性的なお互いの持ち味が出会うことでより美味しさが増す＝出会いもの。温めてもよし、冷やしてもよし、夏の京都を代表する焚き合わせです。

〈材料〉
身欠き鰊……4本
番茶茶葉……25g
茄子……4本
ミニオクラ……4本
とろろ芋のすりおろし……120g
三度豆……4本
米の研ぎ汁、出汁
酒、濃口醤油、ザラメ、黒砂糖、薄口醤油、塩
針生姜、木の芽

〈作り方〉

〈鰊を焚く〉

1 身欠き鰊は米の研ぎ汁に浸け、1日1回水を換えながら3日間かけて戻す。「夏場は温度が上がらないように冷蔵庫に入れましょう」。

2 よく水洗いをして鱗や汚れを取る。番茶は2ℓの水で6〜7分煮出し、冷ます。

3 鍋に鰊と番茶を入れて40分程煮る。ゆっくりと流水にさらし、バットに並べて10分程蒸す。

4 鍋に酒カップ5、濃口醤油カップ1½、ザラメ300g、黒砂糖100gを合わせてひと煮立ちさせ、3のバットに注ぎ、40分程蒸す。一度冷まして味を含ませる。

〈茄子を煮て仕上げる方法〉（写真手前）

1 茄子はヘタを切って鉄鍋に並べ、出汁と水各カップ1を加え、落とし蓋をして煮る。柔らかくなったら、薄口醤油小さじ2、鰊の煮汁小さじ4を加えて味を調え、そのまま冷まして味を含ませる。「鉄鍋を用いると、鉄の成分と反応し、冷ました時に色が鮮やかに仕上がります。鉄くずを用いられても結構です」。

2 オクラはがくをむき取って塩で磨き、さっと洗って塩ひとつまみを加えた熱湯で茹で、氷水に落とす。水気をきっておく。

3 1の茄子を温め直し、鰊、オクラと共に盛り付け、とろろをかける。

〈茄子を焼いて仕上げる方法〉（写真奥）

1 茄子に7㎜間隔で切り目を入れ、真っ黒になるまで網焼きする。氷水にさっと浸け、皮をむく。「氷水に浸けたままにすると焦げた臭いが移るので注意して下さい」。

2 さっと水洗いし、出汁カップ2、薄口醤油小さじ4を加えた地に浸けておく。

3 三度豆は茹で（220頁参照）、適当な長さに切る。

4 2を浸け汁ごと温め、鰊、三度豆と共に盛り、針生姜に叩き木の芽を混ぜて天盛りする。

叶 松谷造
染付松竹梅絵預鉢（奥） 華紅金襴預鉢（手前）

鯛かぶら

濃淡のコントラストの妙を味わうものです。
鯛は少し濃いめの味付け。蕪は持ち味を活かして淡い味付けにする為、
あえて同じ鍋では焚かず、鯛の旨味が溶け出た煮汁を使い、
蕪に鯛の旨味を移す方法をとります。
鯛は鰹だしとの相性はあまり良くありませんが、
蕪には出汁の味も不可欠だからであります。

〈材料〉
聖護院蕪……½個
鯛の頭……1尾分
米の研ぎ汁、出汁
酒、砂糖、みりん、薄口醤油、濃口醤油
柚子

〈作り方〉

1 蕪は厚く皮をむき、米の研ぎ汁で柔らかく茹でる。竹串がすっと通れば火からおろし、茹で汁が透明になるまで流水にさらす。
「表面には障子といって繊維質の硬い部分があるので、そこを取り除かないと柔らかくなりません」。

2 鯛の頭はカマをはずして二つ割りし、カマも半分に切る。沸騰した湯に10秒程くぐらせて霜降りし、すぐ流水に浸ける。よく水洗いして鱗や血合、汚れを落とす。
「霜降りすると、鱗が皮からはがれやすくなります」。

3 鍋に鯛を入れて酒カップ3を注ぎ、火にかけてアルコール分をとばす。沸騰したら差し水をし、アクが浮いてきたら取る。
「こうすると差し水の分だけ水をアクと一緒に取り除くので、高価な酒を無駄にすることがありません」。

4 ぐつぐつと強火で5分煮た後、砂糖大さじ½、みりん小さじ1を加えて更に2分程煮る。薄口醤油、濃口醤油各小さじ2を加える。

5 煮汁カップ1を別鍋に移し、倍量の出汁と蕪を加えてことこと煮含める。残った鍋に濃口醤油小さじ1を加え、少し煮詰まってきたらみりん小さじ1を加える。

6 蕪と鯛を同じ鍋に移して煮汁も合わせ、薄口醤油で味を調える。器に盛り付け、柚子の香を添える。
「醤油は薄口と濃口を上手く合わせると、味に奥行きが出ます」。

浜田庄司造 食籠

味付けの心得

昨今、カウンターのお客様も率直に「旨い、不味い、美味しい」をお口にされる方がめっきりと少なくなりました。

浜作は代々数多くのその道の達人＝食通の方々に長く御贔屓を頂きました。その中でも、神戸の「ブンブン」の旦那様は、私が尊敬する本当の食通で、まずその料理が旨いか否かだけを的確に、また痛烈に批評して下さいました。父が亡くなりました後、跡取りとして一家の長になりましたからには、店の者や他店の先輩にご指導を受けるわけにもいかず、祖父や父の味を覚えている母の数少ない助言の他は、ただ毎日お越し頂けるお客様の御批評だけが、味付けの指標となりました。

その間わかったことは、味付けをする上で一番大事なことは、固定観念をもたないということです。お料理教室でも、生徒さんは必ず「先生レシピを教えて下さい、レシピを……」と口を揃えておっしゃいます。たしかに料理経験の少ない方には、レシピがないと何をどれだけ入れれば良いのかさっぱりわからず、途方に暮れてしまわれることでしょう。

この本を作るにあたって、やはり店でお出ししている標準的な分量は書き添えました。しかし、これはあくまで大まかな基準であって、絶対的なものではありません。例えば、真冬の凍えるような時に飲むお吸いものと、汗ばむ季節のお吸いものとでは、塩の量に倍ほどの差が出てしまいます。レシピを金科玉条のごとく信奉すると、固定観念が生まれます。またそのことにより、日々くり返すことで熟練するのをさまたげる結果を生むことになってしまいます。

また、職業として料理に携わる、いわゆる玄人が陥りやすい罠がマンネリズムであります。志賀直哉先生が書かれた「リズム」という素晴らしい文章がございます。

「マンネリズムが何故悪いか。本来ならば何度も同じ事を繰返してゐれば段々『うまく』なるから、いい筈だが、悪いのは一方『うまく』なると同時にリズムが弱るからだ。精神のリズムが無くなって了ふからだ。『うまい』が『つまらない』と云ふ芸術品は皆それである。幾ら『うまく』ても作者のリズムが響いて来ないからである」

私はこの文章に大学生の時に出会い、感銘を受けました。以来、吾が家業＝板前割烹の理念を言い当てたこの言葉を、事あるごとに心に刻んでおります。

　京都の料理の基本は、素材を湯がいたり、蒸したりして、まず食べられる状態にし、それを出汁でしっかり煮込むこと、ここまでが重要です。皆さんの思われるレシピによる味付けというのは、この後の作業であり、レシピに重きを置くあまり、それまでの下ごしらえと出汁煮込みをおろそかにしがちです。下ごしらえさえしっかりしておけば、あとは甘味なり、醤油味なり、塩味はお好みのまま加えて頂ければよろしい訳で、その度に何回もお味見なされば、まず食べられないというような大きな失敗は防ぐことができましょう。

　よくお料理番組で調味料を最初にまとめてお入れになる場面をお見受けします。しかしこれでは、合わせ調味料が支配する単調な味付けになり、奥行きが生まれません。なぜなら、一車線のトンネルがあるとお考え下さい。そこに秩序なく砂糖や醤油、塩などが通ろうとすれば、必ず渋滞が起こります。それを防ぐには、順に交通整理をする必要があります。まず出汁煮込みをしっかりして出汁の味を含ませ、次に含みにくい甘みを最小限加え、ここでまたしっかり煮込み、最後に醤油や塩で味の輪郭をはっきりと描きます。順に段階を踏んで調味料を加えることにより、逆に表面から醤油や塩、次に甘味、そして出汁、最後に素材と噛むほどに味わいに変化が生まれます。

　音楽好きの私は、この時オーケストラをイメージいたします。重奏低音がお出汁、木管がみりん、金管が砂糖、第一バイオリンが薄口醤油、第二バイオリンが塩、チェロが濃口醤油、食感や舌触り、温度がリズムを生み、すなわちこのすべてが混然一体となった時、素晴らしい交響楽のハーモニーが生まれます。コンサートと同じく、第一バイオリンの長であるコンサートマスター＝（イコール）薄口醤油が全体を引き締め、リードするというのが京都の料理の骨法であります。

　それに、醤油は一度火を止めて加減しても充分修正可能であります。その為、濃すぎないことを常に念頭に置き、交差点の多い狭い道を徐行して進むように、自分の舌を信じて、焦らずじっくりとお味付けなさいませ。

春の焚き合わせ

筍、鯛の子、蕨、菜花、栗麸オランダ煮

素材は必ず下ごしらえの後、
調味料を入れるまでに出汁煮込みをします。
緑色野菜は色目が大切。
淡い味付けで焚きすぎにご注意なさいませ。
春のリズムを感じて頂けるように、
盛り付けの配色に器とのバランスを。

河井寛次郎造 三彩中鉢

〈材料〉

筍(ゆがく82頁参照)……中1本

鯛の子……2腹(約200g)

蕨、菜花……各8本

粟麩……¼本

出汁、酒、みりん、薄口醤油、濃口醤油、たまり醤油、塩、砂糖

灰、揚げ油

木の芽、おろし生姜

〈作り方〉

筍の炊き方

1 筍は食べやすい大きさに切り、出汁カップ2½と酒カップ1を合わせた中で5分程煮込む。

2 みりん小さじ1を加え、更に2分程煮る。

3 薄口醤油大さじ½と塩小さじ½弱を加えて更に3分程煮、味をみる。足りない場合は塩少々を加えて味を調える。

「あまり薄口醤油を入れすぎると、せっかくの筍の味も色も濃くなるので淡い琥珀色を限度とします」。

鯛の子の炊き方

1 鯛の子は食べやすい大きさに切り、薄皮に切り目を入れて中表に裏返す。湯に落とし、表面の色が変わったらおろし生姜を入れた別鍋の湯に移し、更に茹で、水にさらす。

「一度のゆがきでは生臭みが残るのでお湯を換えることが大切です」。

2 出汁カップ1½と酒カップ½、砂糖大さじ1、薄口醤油小さじ2を合わせた中で煮含める。

蕨の炊き方

1 蕨は灰で磨き、銅鍋(もしくは普通の鍋に銅の破片を入れる)にお湯を沸かして茹でる。

「灰で磨くとアクが抜けやすくなります。お手元になければ重曹で代用しても良いでしょう。銅の成分と反応して色が鮮やかになります」。

2 茹であがったら流水に落とし、充分にさらしてアクを取る。

「お箸で蕨を手に取り、握った時にぬっと芯がなくなった状態が、適した硬さです」。

3 出汁カップ1、薄口醤油小さじ1、みりん小さじ½を合わせて煮立たせ、蕨を入れて一瞬煮る。落としホイルをしてそのまま冷まし、味を含ませる。

「蕨はゴトゴト焚きすぎると表面がズルズルになる恐れがあるので、最後の2割は余熱で火を通す加減で味を含ませねばなりません」。

菜花の炊き方

1 菜花は塩茹でして氷水に落とし、色止めする。

2 出汁カップ1、薄口醤油小さじ1、みりん小さじ½強を合わせて煮立たせ、菜花を入れてさっと煮る。

粟麩の炊き方

1 粟麩は一口大に切って高温の油で色づくように揚げ、熱湯をかけて油抜きする。

「オランダ煮とは、油で揚げてから煮焚きしたものをさします。江戸時代、寺社ではかたく肉食が戒められた結果、麩や豆腐、湯葉などの精進料理の材料のカロリーをより効率よく増す為にこのような手法が用いられました。当時、油ものといえば何か西洋的な意味合いをもち、唯一の貿易相手であった西洋の国、すなわちオランダからこの名称が生まれました。油っぽくならないように熱湯をかける下処理が必要です」。

2 鍋に酒大さじ5弱と出汁大さじ2を合わせて煮立たせ、麩を入れて少し煮詰める。

3 砂糖小さじ1、たまり醤油小さじ⅓を加え、更に煮詰める。

4 とろみがつき、ほとんど煮汁がなくなったら濃口醤油とみりん各小さじ½弱で味を引き立たせて艶を出す。

「色はみたらし団子をイメージし、味は甘辛くアクセントをつけるようにすると良いでしょう」。

盛り付け方

器とのバランスを考え、まず主役となる筍の位置を決め、相対する鯛の子を合わせる。その脇役として粟麩を添え、青味の菜花を彩として手前に盛る。季節の香りとして木の芽が不可欠。

夏の焚き合わせ

石川小芋、南瓜、高野豆腐、茄子、海老、千石豆

夏の強い日差しの中で美味しさを増す
茄子や南瓜を上手く取り合わせるのが
ポイントです。
温めても、冷やしても美味しく召し上がれます。
食欲のおちる夏こそ、色彩の力を借りて、
清涼感を出さねばなりません。
すべてを受け入れて尚、寛容余りある、
私の一番好きな寛次郎先生の
「ナマコ」鉢でございます。

河井寛次郎造 水色海鼠鉢

〈材料〉

石川小芋……8個
南瓜……1/4個
高野豆腐……1個
茄子……4本
車海老……4本
千石豆……4本
昆布……1枚
出汁、酒、みりん、砂糖、薄口醤油、塩
柚子、生姜汁、美味出汁(221頁参照)、粗塩

〈作り方〉

石川小芋の焚き方

1 小芋は布巾を用いて上から下に向かってこすり、皮をむく。水で洗って鍋に入れ、水を加えてことことと柔らかくなるまで茹でる。
「竹串がスッと抵抗なく通るようになるのが目安です」。

2 別鍋に出汁カップ1 1/2を温め、昆布と小芋を入れてしばらく煮る。酒大さじ2を加えて更に煮、みりん、薄口醤油各小さじ1を加え、最後に塩小さじ1/2弱で味を調える。
「あまり醤油で色をつけると夏のすがすがしさが出ないので、最後の味付けは塩で決めます」。

南瓜の焚き方

1 南瓜は扇型に切り、皮は少し残るようにむく。粗塩で表面をこすり、水で洗う。

2 蒸気の上がった蒸し器で12〜13分蒸す。

3 仕上がりに塩少々をふり、更に1分蒸す。

高野豆腐の焚き方

1 高野豆腐は戻し、一口大に切る。

2 出汁カップ1に、砂糖大さじ1、薄口醤油小さじ2、みりん小さじ1、塩小さじ1/5を合わせ、高野豆腐を入れて10分程煮、冷ます。

茄子の焚き方

1 茄子は皮に7㎜間隔で切り目を入れ、鉄鍋に並べ入れて水をひたひたに注ぎ、落とし蓋をして火にかける。
「鉄鍋がなければすき焼き鍋でも、又は普通のお鍋に鉄くずを入れても可」。

2 柔らかくなったら水を半分捨て、出汁カップ2を加えてしばらく煮る。

3 みりん、薄口醤油各大さじ2 2/3で味を調え、火を弱めて更に10分程煮る。火を止めてそのまま冷ますと紫紺色に仕上がる。

海老の焚き方

1 海老は頭を取る時に背ワタも抜き(109頁「天婦羅」参照)、水洗いする。

2 沸騰した湯に塩少々を入れ、1分程ゆがく。8割程火が通ったらザルに上げ、団扇であおいで冷ます。
「海老は火が通りすぎると硬くなり、もちっと感も甘みもなくなってしまいます。色良く、又味を引き出すには水に落とさず、ザルに上げて団扇であおぐ方が味が抜けません」。

3 美味出汁に生姜汁少々を加えたものに20分程浸け、殻をむく。
「長く浸けすぎると硬くなりますので20分が目安。あらかじめ塩水でゆがいていますので、かすかに美味出汁を含む程度で結構です」。

千石豆の焚き方

1 千石豆は茹で(220頁参照)、鍋に出汁カップ1/2を温め、薄口醤油、塩各小さじ1/5で味を調えた中に入れてさっと煮る。
「出汁が冷たい状態で豆を入れると、折角の色が飛んでしまいます」。

仕上げ

温めて煮汁をかけてもよく、又冷やすと味は引き締まる。ふり柚子をして香を添える。

秋の焚き合わせ

菊花蕪、穴子黄身煮、海苔麸、しめじ、絹さや

意外とメインとなる根菜が揃わない時期です。
小蕪を軸にきのこや湯葉、麸などでそれを補います。
魯山人先生の「武蔵野」鉢に、かえって華やかさを抑えてシックに盛り付けました。

見渡せば　花も紅葉も　なかりけり
浦の苫屋の　秋の夕暮
定家

魯山人造 刷毛目渦巻き鉢「武蔵野」

〈材料〉
小蕪……4個
穴子……小1尾
海苔麸……½本
しめじ……1パック
絹さや……8枚
昆布……1枚
卵黄……3個分
出汁、しぼり生姜、酒、みりん、砂糖、塩、
　薄口醤油、片栗粉
柚子

〈作り方〉

菊花蕪の焚き方

1 蕪は皮を分厚く十文字にむき、間の角をむくように八角形にむく。更に角をむいていくと十六角形、三十二角形になり、ほぼ球体になる。包丁で面が滑らかになるように調整する。

2 頂点に十字に切り目を入れ、その延長線上に底辺から1cm位の切り目を入れる。切り目と切り目の真ん中に底辺から3cm位の切り目を入れる。その中間に底辺と頂点から間が交互になるように長い切り目と短い切り目を交互に入れると菊花蕪になる。

3 鍋に蕪と水をかぶる位に入れ、ことこと煮て柔らかくする。
「目立たないところに竹串を刺し、すっと通る位になったかを確認して下さい」。

4 別鍋に出汁カップ3と昆布を入れた中に蕪を移し、ことこと煮る。
「水にさらすとせっかく開いた蕪の繊維が閉じてしまい、出汁で焚く時に味がしみにくくなります。温→温へスムーズに移し替えると良いでしょう」。

5 しばらく出汁煮込みし、酒大さじ3を加えて煮、みりん小さじ2、砂糖小さじ1を加えて少し煮、薄口醤油小さじ1½、塩小さじ½弱で味を調える。
「みりんを加えると煮崩れを防ぐことができます。薄口醤油を入れすぎるとせっかくの蕪の色が悪くなるので、かすかに色がつく程度に、足りない部分は塩で補うようにすると良いでしょう」。

穴子黄身煮

1 穴子は背開きして内臓を取り、皮目に湯をかけて水に落とす。皮目のぬめりを包丁の背で取って水で洗い、水気を取る。

2 3cm幅に切って片栗粉をまぶし、よく溶いた卵黄をしっかりとつけ、沸騰した出汁カップ1に入れる。
「天婦羅の衣の代わりに卵黄を、油の代わりに出汁をといった感覚です」。

3 すぐに酒大さじ3強としぼり生姜小さじ1を加えて強火で1分程煮る。砂糖大さじ1⅔を加えてやや火を弱め、更に2分程煮る。薄口醤油大さじ1を加える。冷ましてから再度温めると味がよくしみる。
「酒としぼり生姜は臭みを抑えます」。

海苔麸の焚き方

1 海苔麸は2cm角に切って水でさっと洗い、出汁カップ1½を入れた鍋に入れる。
「麸はくっつきやすいので、水洗いすることと、鍋に先に出汁を入れておきましょう」。

2 火にかけ、煮立ちかけたらみりん、薄口醤油各小さじ2、塩小さじ½弱を加えてさっと煮、冷ましておく。
「麸は煮立たせると膨れてしまうので、一度に調味料を入れてさっと処理する必要があります。その為味がしみにくいので一度冷まして、再び温めると味がよくしみます」。

しめじの焚き方

1 しめじは石づきを落とし、3本ずつ位に分けて水から下茹でする。

2 鍋に出汁カップ1を温め、みりん、薄口醤油各小さじ1、塩小さじ⅕で味を調え、しめじを入れて1～2分強火で煮、冷まして味を含ませる。

絹さやの焚き方

1 絹さやは塩茹でし（220頁参照）、鍋に出汁カップ½を温め、塩、薄口醤油各小さじ⅕で味を調えた中で1分弱煮る。

仕上げ

器に彩よく盛り付け、柚子の香を添える。

冬の焚き合わせ

海老芋、鴨ロース、湯葉、菊菜

海老芋は冬を代表する京野菜で、
独特のキメの細かさと
食感をもっております。
決して里芋のように粘つき感はなく、
かといってカスカス感もない、
まことに口離れの良い上品さを
そなえております。
本来素材は
大きいまま焚く方が真味が逃げません。
鴨ロースの濃厚さと対峙させせます。

河井寛次郎造 黄釉大角鉢

〈材料〉

海老芋……4個（約1・5kg）
鴨ロース……1枚
漬け地［酒カップ2、みりんカップ1、薄口醤油、濃口醤油各カップ½、砂糖20g］
湯葉……4枚　菊菜……1把
出汁、酒、みりん、薄口醤油、塩、砂糖、葛粉
針柚子

〈作り方〉

海老芋の焚き方

1 海老芋は六角形を目指して、底から頂点に向けて分厚く皮をむく。
「包丁の角度を変えず、思い切りよく、手前へ包丁をすべらせるようにむきます。表面は繊維が強いので、分厚くむいて下さい」。

2 鍋に海老芋とたっぷりの水を入れて火にかけ、ことこと20分程煮る。別鍋に出汁を温めておく。

3 柔らかくなったら、温めておいた出汁2ℓに移す。
「茹で湯と出汁が同じ温度であると海老芋の繊維が開放されたまま出汁をスムーズに含み入れることができます」。

4 しばらく出汁煮込みをし、酒カップ½を加えて軽く煮、みりんカップ½、薄口醤油大さじ2⅔、塩小さじ1で味を調える。
「すぐに頂く場合は少し薄口醤油の加減を多めにし、取り置く場合は薄味のままにし、温める時に薄口醤油を加えると良いでしょう」。

鴨ロース

1 鴨ロースは両面に串で穴をあける。熱したフライパンに皮目を下にして入れ、こんがり焼き色がつくまで焼く。
「じっくりと時間をかけて脂を溶かし出すように焼きます。皮脂の厚さが半分位になるまで焼くと、あっさりと仕上がります」。

2 水洗いして常温に戻す。

3 深いバットに漬け地を合わせて蒸し器で温め、100度近くになったら弱火にし、鴨ロースを皮を上にして入れて8分、裏返して8分蒸す。

4 鴨ロースを引き上げ、串に刺して吊り下げて血抜きする。漬け地は常温に冷ます。

5 漬け地に鴨ロースを戻し、3～4時間漬けて置く。

6 薄切りにして盛る。漬け地は酒でゆるめ、沸騰させて薄葛をひいてとろみをつけ、かける。

湯葉の焚き方

75頁「京風お煮しめ」を参照し、出汁カップ1½、薄口醤油小さじ1、砂糖少々で煮る。

菊菜の焚き方

1 菊菜は硬い部分を取り除き、食べやすい長さに切る。熱湯に塩ひとつまみを入れ、20秒程茹でる。たっぷりの水にさらし、よく水気を絞る。

2 出汁カップ½を温めて薄口醤油小さじ½弱を加え、沸いてきたら菊菜を入れてさっと煮る。

仕上げ

1 彩よく盛り付け、各々煮汁をかけ、針柚子を添える。
「主役となる海老芋をどんと真ん中にすえ〝淡〟、対称となる鴨ロース〝濃〟を対峙させ、湯葉と青みの菊菜をワキにしたがえる、といった感じに盛り付けます」。

京風お煮しめ

祝い事でも、弔い事でも、人が寄れば食事が必要となります。
人数も何人集まるかわからない時、こういう大鉢に盛ったお煮しめが活躍します。
お煮しめとは「煮て、味を染める」ということです。
本来は材料全部を同じ鍋で、同じ出汁を用いて煮るものですが、
こうすると「ごった煮」のようになってしまい、見栄えがよくありません。
そこで同じ出汁を用いて順番に焚いていけば、
それぞれの味を合わせた、美味しく、綺麗な仕上がりとなります。

〈材料〉
かまぼこ……1本
高野豆腐……1個
椎茸……8個
出汁巻（197頁参照、卵6～7個に対して
出汁140ccで焼く）……1本
生湯葉……5枚
三つ葉……1束
柚子
出汁、酒、薄口醤油、砂糖

〈作り方〉
1　かまぼこは8等分に切り、出汁カップ3で煮る。
沸いてきたら酒カップ1を入れて更に煮る。薄口醤油小さじ4で味を調える。
「かまぼこには本来味がついているので長く煮る必要はありません」。

河井寛次郎造 黒釉黄縞鉢

2 1の煮汁の2/3量(約カップ2)で戻しておいた高野豆腐を煮、砂糖大さじ1、薄口醤油小さじ1を加える。
「高野豆腐は調味料を入れずに焚くととろけてしまうので、必ず調味料を入れた出汁で焚かなければいけません。又、味付けを少し甘めにすると、ザラザラ感がなくなります。高野豆腐や湯葉、椎茸のような精進料理を源とする素材は、カロリー摂取量を多くする為、元来甘く味付けされてきたという歴史をもっています」。

3 2の煮汁で下茹でした椎茸を5〜6分煮る。更にその煮汁で一口大に切った出汁巻を2〜3分煮る。それぞれ煮汁に浸けたまま冷ます。

4 湯葉は半分に切って重ね、更に十文字に切って重ね、竹の皮で縛る。残しておいた1/3の煮汁で3分程ことことと煮、火を止めて味を含ませる。
「良質の湯葉はあまり長く焚くと溶けることがあるので注意して下さい」。

5 三つ葉はさっと湯通しして水に落とし、出汁に浸けておく。

6 そのままでも、温め直しても良い。各々食べやすい大きさに切って盛り付け、ふり柚子をして香を添える。春は木の芽を添えると良い。

甘辛お煮しめ

京、大阪では俗に筑前煮といわれる、
最もポピュラーなお煮しめです。鶏を加えることにより、
鰹と昆布では出せない濃厚な旨味を引き出し、
そのバランスをとるように砂糖、濃口醤油で
甘辛にしっかりと味付けします。
素材はあまり細かく切らずに、持ち味を大切に。
寛次郎先生らしい心温まる紫紅鉢に
ざっくりと盛り込みました。

〈材料〉

鶏もも肉……1枚（約250g）
蓮根、牛蒡……各1本（約250g）
人参……1本（約200g）
こんにゃく……1枚（約200g）
椎茸……4枚　絹さや……8枚
木の芽
酒、みりん、たまり醤油、濃口醤油、砂糖

〈作り方〉

1 鶏肉は一口大に切り、霜降りして水に取り、水気をきる。
「霜降りすることで、余分な脂と臭みがよく取れます」。

2 野菜はやや大きめの乱切りにする。こんにゃくは隠し包丁をして大きめに切る。
「大きめに切ることにより、歯ごたえを感じられます。又、表面は濃いめの味付けの影響を受けますが、中身の方はかすかに生成りの味が残ります」。

3 鍋に鶏肉、蓮根、牛蒡、こんにゃく、椎茸を入れ、酒カップ5、みりんカップ1を加えて強火にかける。沸騰させてアルコール分をとばし、差し水をしてアクを取り、15分程煮込む。

河井寛次郎造 紫紅鉢

「鶏から出た旨味を野菜に移す為、しっかりと煮込むことが大切です。時間を短縮したい時、又、こってりしたものが食べたい時は、油少々を熱したフライパンで炒めて火を通しても良いでしょう。その場合は油をきる為に水洗いが必要になります」。

4
人参、砂糖小さじ2、たまり醤油小さじ1を加え、風味と美味しそうな色をつける。
「たまり醤油は色は濃く、風味も深い。しかしあまり辛くありません」。

5
しばらく煮込み、濃口醤油を数回に分けて加え、味を調える。
「煮焚きものの味付けは調味料を入れるまでにしっかりと出汁や酒で煮込み、甘味をつけ、肝心となる醤油は数回に分けて慎重に加えると失敗しにくくなります。最後は煮汁がなくなるまで煮詰めますので、お味見した時点で醤油の味がちょうど良いと、仕上がりが辛くなってしまうので注意が必要です」。

6
絹さやは塩茹でし（220頁参照）、鍋に出汁カップ½を温め、塩、薄口醤油各小さじ⅕で味を調えた中で1分弱煮る。

7
器に彩よく盛り付け、絹さやをちらし、木の芽を天盛りする。

お福煮豆

「お福」というのは私の祖母の名前で、
子供の頃よくこの豆を焚いてくれました。
昭和四十三年に初めて百貨店に出店(今でいうデパ地下)した時、
一番初めに売り出したのがこのお豆で、父が名付けました。
我が家では常に食卓に置いてあった常備菜であります。

〈材料〉
乾燥大豆……2合
牛蒡、人参、凍りこんにゃく、絹さや
……各適量
昆布……5㎝角1枚
砂糖、みりん、薄口醤油
出汁
柚子

〈作り方〉
1 大豆は汚れや傷がないか確かめ、水洗いしてボウルに入れ、4倍量の水に一晩浸けておく。
2 牛蒡と人参は豆よりも小さいあられ切りにする。牛蒡は水にさらす。
「あくまで主役は大豆ですから、野菜はあまり大きく切らず、量も彩り程度にします」。
3 凍りこんにゃくはたっぷりの水に浸けて5分置き、水を替えて3時間程置く。そのまま鍋に入れて火にかけ、煮立ったらアクを取ってザル上げし、細かく刻む。
4 絹さやは茹で(220頁参照)、適当な大きさに切る。
5 土鍋に大豆、牛蒡、凍りこんにゃく、3倍量の新しい水を入れ、ことことと柔らかくなるまで蓋をして煮る。途中、差し水をする。
「浸けていた水で茹でると豆臭くなってしまいます。本来一番大事な生成りの味を少し取り除き、改めて味を付けるのがいわゆる京風であります。人参はすぐに柔らかくなるので後で加えます」。
6 2時間程で硬さを確かめる。別鍋に出汁カップ3を沸騰直前まで温めておく。
「ちょうど良い硬さとは、口にふくんだ時全く芯がなく、全体に均等につぶれる位が目安。全体に柔らかに均等に火が通るので土鍋が良いでしょう」。
7 硬さが良ければ大豆の茹で汁を⅓位に減らし、温めておいた出汁を加え、昆布、人参も加え、10分程ことこと煮込む。
「お湯を捨てた後、冷たい出汁を入れると温度差によってしわがより、味を含みにくくなります。お豆はまずゆっくりと時間をかけて水分を含ませ、火にかけてからも気長にことことと柔らかくすることが大切です」。
8 砂糖、みりん各小さじ4を加え、更に5分程煮込み、薄口醤油小さじ4を加える。5分程炊いてから味見し、更に薄口醤油小さじ4で味を調える。器に盛り、彩に絹さやを盛り合わせる。ふり柚子をして香を添える。
「味付けは甘味の土台を作ってからもう一度煮込み、薄口醤油を加えると抑えつけた味にならず、お豆をかんだ時に、まず薄口醤油、次に甘味がきて最後に出汁の味と豆の味が重なります。2〜3日で食べきる時は砂糖を控えて薄口醤油で味をこしらえ、豆本来の味を楽しみたいもの。沢山焚いて保存する時は砂糖を多めにした方が保存が利きます」。

叶 松谷造 染付蟹絵松竹梅蓋物

筍じきかつお

朝掘りの筍は思い切って大きく切ります。
表面は甘辛の濃い目の味付けでも
中身は生成りのままの味をできるかぎり残します。
嚙んだ時、筍の旨味と煮汁が口一杯に広がります。
京風とは一味違った
ダイナミックな板前割烹の代表的一品です。

〈材料〉

筍（ゆがく82頁参照）……中1本（約400g）
蕗……適量
粉かつお
花山椒
出汁、酒、砂糖、薄口醤油、みりん、濃口醤油、
塩

〈作り方〉

1 筍は思い切って大きめに切る（写真①）。
「小さく切ると筍の旨味に調味料が勝ちます」。

2 大きく切るとかみきれない恐れがあるので、念入りに隠し包丁を入れる（写真②③④⑤）。
「隠し包丁とは本来の形を損なわず、食べやすくしたり、味をしみ込みやすくする為に目立たないところに、完全に貫通しないように包丁で切り目を入れることです」。

3 鍋に筍を入れ、酒カップ2、出汁カップ½を加えて強火で煮る（写真⑥）。一度取り出し、食べやすい大きさに切って（写真⑦）鍋に戻す。
「まずアルコールをとばします」。

4 筍の繊維がほぐれた状態で砂糖小さじ1を加え、更に2〜3分煮る。この時点で6割位まで煮汁が減っているはず。薄口醤油小さじ1を加え（写真⑧）、中火で更に2分程煮込み、また薄口醤油小さじ1を加える。煮汁が煮詰まるにつれ焦げないように火加減を調整し、薄口醤油を少しずつ加える。

河井寛次郎造 緑釉鉢

5 味見をして足りない部分はみりんと濃口醤油を少しずつ加えて炒りつける。粉かつおをたっぷりまぶして（写真⑨⑩）器に盛る。

6 蕗は板ずりして茹で、水に取る。薄皮をむいて適当な長さに切り、温めた出汁カップ½に薄口醤油小さじ½弱を加えた中でさっと煮、5に添える。残った煮汁に花山椒をさっとくぐらせ、天盛りする。

筍の茹で方

筍は鮮度が生命。掘り出してから刻一刻と硬くなり、アクが強くなる。故になるべく早く湯がくことが肝要です。京都洛西、塚原の朝掘りの筍はつとに有名。当店では独特の湯がき方をします。

⑤

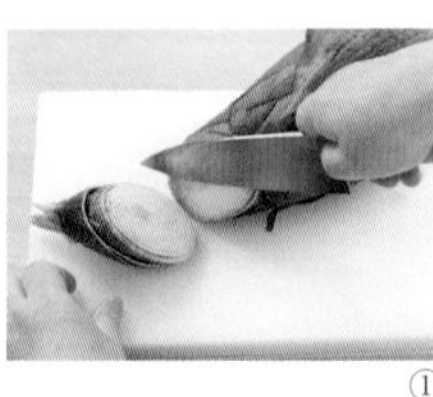
①

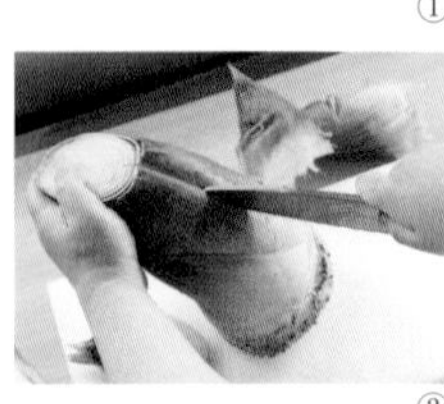
②

③

④

1 土付きの筍は、土をよく洗い落とし、穂先を切って(写真①)浅く皮に切り目を入れ(写真②)、皮をむいてしまう(写真③)。根元の硬い部分を削ぎ取る(写真④)。

2 大きな鍋で水から湯がく(写真⑤)。湯に色がついたら湯を替え、これを3回くり返し、2〜3時間程茹でる。

「ぬかを加えるとぬかの臭いが移ります。鮮度の良い筍は入れなくても大丈夫です。又、湯の変色が〝アク〟が抜けているサインです。真水で湯がくことによって、最終的に色が出なくなり、アクが抜けたことを確かめることができます」。

3 柔らかく茹で上がったか竹串で確認し、流水にさらし、水に浸けておく。

小蕪のそぼろ味噌射込み

蕪や大根には俗に障子と言われる
繊維質の硬い部分があります。
旬になればなるほどこの部分が少なくなるので、
皮をむく厚さが段々薄くてすむようになります。

河井寛次郎造 黒釉片口鉢

〈材料〉

小蕪……4個
昆布……1枚
みりん、薄口醤油、塩
出汁
柚子
そぼろ味噌（作りやすい分量）
鶏ミンチ……500g
酒……カップ½
砂糖……小さじ1½
みりん……小さじ2
たまり醤油……大さじ1
焚き味噌（赤）……大さじ4
しぼり生姜、柚子の皮

〈作り方〉

1 蕪は六角になるように分厚く皮をむく。上から3分のところで切り、蓋と実に分ける。実の中央を丸くくりぬき、中火の蒸し器で30〜40分程蒸す。蓋は熱湯で茹で、流水にさらす。
「葉の部分の色を鮮やかに出したい場合は、蒸さずに湯がいた方が良いでしょう」。

2 1の蕪は昆布を敷いた鍋に並べ、出汁カップ4を入れてことこと出汁煮込みする。みりん、薄口醤油各小さじ1を加え、更に煮込む。

3 味見し、足りない部分は塩で補う。そのまま冷まして味を含ませておく。
「最後まで薄口醤油で味をつけると蕪に色がついてしまうので、最後の仕上げには、塩を使います」。

4 鍋に鶏ミンチと酒を入れて火にかけ、混ぜながら沸騰させる。アクを取り、しぼり生姜をたっぷり加えて鶏の臭みを抑える。砂糖、みりんを加えて煮詰め、たまり醤油を加えて味を調える。
「後で味噌を加えるので、調味料をあまり入れすぎず、でき上がりの半分位の味付けの心持ちにしておきます」。

5 焚き味噌を加え、よく練り込む。
「火を弱火にしないとすぐに焦げつくので注意します」。

6 柚子の皮をおろし入れ、みりんを数滴落として艶を出す。温めた蕪のくぼみにそぼろ味噌をこんもりと盛り付け、柚子の香を添える。
「そぼろ味噌は他の料理にも使いまわせるので、あまり少量焚かずに多めに焚き、小分けにして冷凍しておくと便利です」。

油目の煮つけ（写真奥）

どんな新鮮な魚でも表面の皮や鱗には、元来の生臭みがあるので必ず霜降りして水洗いをしなければなりません。第一層の味を逃しても絶対に生臭みを残さないというのが京都の料理法の根本であります。

〈材料〉

油目（「あぶらめ、あいなめ」とも呼ばれる）……1尾（約５００g）
しぼり生姜　針生姜……1片分
酒、みりん、薄口醤油、濃口醤油
蕗、花山椒

〈作り方〉

1 油目は三枚におろして小骨を抜く。3㎜間隔で骨切りし、4等分に切る。串に刺して白焼きにするか、霜降りをする。
「大きめの油目は皮が硬いので焦げ目がつくまで焼いた方が柔らかくなり、食べやすくなります。この白焼きが臭みを取ります。小さめの油目は白焼きすると本当に脂がなくなるので、霜降りの方が良いでしょう」。

2 鍋に皮目を下にして入れ、酒カップ1¼を加えて強火にかける。沸騰したら差し水をしてアクを取り、みりんカップ¼を加える。更にひと煮立ちさせ、しぼり生姜小さじ½強と針生姜を加える。
「身が煮汁から出ている状態なので、鍋を傾けて煮汁をかけながら煮ます」。

3 薄口醤油を数滴加え、煮汁が煮詰まるにしたがって濃口醤油小さじ1を少量ずつ加える。

4 煮汁が¼程に煮詰まったら、味を調える。下茹でして水にさらした蕗を加え、ほとんど煮汁がなくなるまで煮詰める。

5 器に油目と蕗を盛り付け、花山椒をさっと煮汁にくぐらせて天盛りする。煮汁はみりん小さじ1としぼり生姜小さじ½弱、薄口醤油数滴を加えて煮詰め、上からかける。

鰯の香梅煮（写真手前）

鰯は字のごとく身がもろく、真水に浸けておくとすぐに傷んでしまいます。たっぷりの塩水の中で腹わたの汚れを取り去ると身が崩れにくくなります。

〈材料〉

鰯……小12尾
梅干し……小4個
針生姜……2片分
酒、みりん、砂糖、濃口醤油

〈作り方〉

1 鰯は頭と腹わたを取り、素早く水洗いして水気をしっかりふき取る。
「秋から冬の脂ののった鰯は脂が出て上手く仕上がりません。ひたひたの生酢で15分程炊き、汁を捨て去るという準備が必要です」。

2 鍋に鰯を放射線状に並べ入れ、酒カップ1を入れて中火にかけ、沸騰したら差し水をする。再沸騰したらアクを取る。
「鰯は他の魚よりもアクが沢山出るので、差し水も多めに入れる必要があります」。

3 梅干し、針生姜、みりん小さじ1、砂糖小さじ1弱を加えて軽く煮る。
「梅干しの酸が鰯の煮崩れを防ぎ、また味付けの方でも深みを与えてくれます。最近梅干しには甘味をつけたり、調味料を加えたりしているものがありますが、できれば避けて下さい」。

4 濃口醤油大さじ½を数回に分けて加え、ほとんど煮汁がなくなるまで、煮汁をかけながら煮詰める。
「梅干しが煮崩れても、香梅煮という名の通りの趣きある景色となります」。

5 器に鰯を盛って梅干しを添え、煮汁をかける。
「焚き立てを召し上がる場合はふっくらとした仕上がりになり、一度冷ますと鰯の身も味も別趣のものになります」。

河井寛次郎造 花絵鉢（奥）
魯山人造 織部小皿（手前）

御贔屓献立帖（ごひいきこんだてちょう）

川端康成

かわばたやすなり（1899-1972年）
作家。『伊豆の踊子』『雪国』などで知られる。日本人で初めてノーベル文学賞を受賞。文化勲章受章者。

川端康成筆「美味延年」。浜作のモットーです
美味しいものをいただくと長生きするという意味です

川端康成先生ハ決マッテ御一人デ来店サレ、何時モカウンターノ一番隅ノ定位置カラ祖父、父ノ包丁捌キヲ鋭イ眼デ静カニ観察ナサッテ居リマシタ。

ノーベル賞ヲ受賞ナサッテ暫クタッタ或ル日、先生カラ「至急、大キナ紙ヲモツテ来ルヨウニ」トノ御電話ガ有リ、スグサマ父ガ定宿ノ都ホテル佳水園月ノ間ニ伺ヒマスト、スデニ先生ハ墨ヲスッテ居ラレ、徐ニ筆ヲトリ、一気ニ御書キ頂キマシタノガ、現在当店ノ看板トナッテ居リマス「古都ノ味　日本ノ味　浜作」ノ一額デ有リマス。其ノ時ノ先生ノ凄イ気迫ニ、父モ全身ノ震エガ止マラナカッタト常々申シテ居リマシタ。コノ看板ニ恥ジヌ様ニ毎日頑張ラネバナリマセヌ。

我ガ家ノ家宝デ有リマス。

河井寛次郎造
草花平鉢（奥：出汁巻）
合子蓋物（手前：かぶら蒸し）
＊作り方は197、199頁参照

御贔屓献立帖（ごひいきこんだてちょう）

グレース
モナコ大公妃

サイン入り写真

Grace Patricia Kelly（1929-1982年）
モナコ公国レーニエ3世大公妃、アメリカの元女優。

京都御所内ニ国ノ迎賓館ガ出来ルマデ、東山ニ有ル都ホテルガ百年ニワタッテ其ノ役割ヲ果タシテ参リマシタ。浜作ハ、ソノ伝統アルホテルニ、昭和三十六年カラ半世紀ニワタッテ支店ヲ構ヘテオリマシタ。ソノ御縁デ百人以上ノ国賓、公賓ニ御料理ヲ供スル幸セヲ得マシタ。

グレース妃ヲ御迎ヘシタコトハ、其ノ中デモ最モ華ヤカデ、印象深イ出来事デシタ。魯山人先生ノ赤絵ノ鉢ニ伊勢海老ト筍ヲ盛リ込ミマシタ。御鉢ノ真ン中ニハ立派ナ海老ガ描カレテオリマス。御料理ヲ召シ上ガルト、モウ一度海老ヲ御楽シミ頂ケル御趣向デゴザイマス。

魯山人造 赤絵海老絵鉢
取り皿：富本憲吉造 白雲悠〃色絵皿

伊勢海老・筍木の芽焼

伊勢海老は胴と頭を切り離す。身は殻からはずして食べやすい大きさに切る。薄塩をして串に刺し、強火で焼く。8割程火が通ったらかけ醤油を2回かけ、木の芽をふる。頭は塩をして200度のオーブンで15分程焼き、かけ醤油を塗る。ゆがいた筍は隠し包丁をし、串に刺してうっすら焦げ目がつくまで白焼きし、かけ醤油を2回かけ、仕上げに木の芽をふる。

焼きもの

「焼く」は先史以来、生食に次いで最も原始的な料理法ではないでしょうか。このことにより、殺菌するという衛生安全上も、消化を良くするという生理学上も、また「味」という点においても画期的な進歩をもたらしました。現代においても、世界各国あらゆる料理に一番共通点を有する、最もポピュラーな料理法です。

しかしながら、居住環境などの理由により、ご家庭で焼き魚をお作りになる機会は、めっきり少なくなったようであります。かつて日本人の食卓に毎食登場した焼き魚の素晴らしさを再認識頂きたいと思います。

海の魚はその生息する場所により、海面近く浅いところにすむ「表層魚」と深い海底にすむ「底層魚」、またその中間の「中層魚」に大別されます。すなわち、アジ、サバ、イワシ、サンマ、サワラなどいわゆる青魚＝青背の魚が表層魚の部類に入ります。なぜ背中が青で、お腹が銀なのでしょう。私はこれは保護色であると思います。青い背中によって空から狙う鳥の攻撃を避け、銀の腹によって、光を反射する水面のように下からの捕食を防ぐことができます。また、ここで肝心なことは、水圧がかからないため、身が柔らかく、かつ水の含有量が多いということです。一方底層魚はヒラメやカレイなどで、背は岩礁の焦げ茶色、腹は砂地の白を保護色としています。こういう魚は高い水圧を受け、身が硬く、締まっております。お馴染みのタイやアマダイなどの中層魚はこの中間にあたります。

もとより味付けの基本となるのは塩であります。魚の特徴に合致した、いわゆる塩加減を工夫することで、味ばかりではなく、浸透圧による水分調節というもうひとつの「塩＝塩化ナトリウム」としての特性を活かすことが可能となります。

水気の多い青背の魚には、比較的長く多く塩をすることにより、余分な水分を排出させ、味を引き締めることができます。その為、焼く三十～四十分前にあらかじめ下塩をしておく必要が生まれます。これでよくある焼き上がりの「水っぽさ」をなくすことができます（こういう魚が干物に向くのも、この理由からであります。ということは逆に塩加減の度が過ぎると、新鮮な魚がかえって干物状態になる危険を孕んでおります）。

逆にカレイなどの底層魚は、直前に表面に塩をすることにより、元来少ない水分を逃がさずジューシーさを保ち、表面の塩と生成りの身の味とのコントラストを活かすように心掛けます（元々身の締まった魚なので、あらかじめ塩をするとコチコチになってしまいます）。

また、中層魚はこの方法の中庸を採るといった具合です。要するに、この原理を念頭に置き、例えば大きいアジの場合、半分をあらかじめ下塩として、残りを直前に振り塩として、というように、最適な組み合わせをお考えいただかねばなりません。これは決して決まり事でも難事でもありません。毎回挑戦なさることで、勘を養って頂くことが肝要であります。

もうひとつ大事なことは、必ず皮目から焼いて頂かなくてはいけません。この第一の理由は、新鮮な魚の場合、熱を加えることにより収縮が必ず起こります。皮と身では、この収縮率が違います。皮の方がより多く収縮します。その為、身に火が通って固定されてから皮の収縮が始まると、その割合についていけず、身割れしてしまいます（串焼きの場合、串から外れてしまう結果となります）。

第二に、皮と身の間に脂肪＝一番美味しいところが多く含まれているからであります（動物は寒さ、暑さ、衝撃から身を守るため、私たちと同様に皮下脂肪をもっております）。そのため、皮目をじっくり焼いて、その旨味を引き出すことができた時、思わぬ美味が生まれます。加えて大事なことは、こんがりと焦げ目をつけることです。ここが「蒸す」、「焚く」との最も際立った違いで、このことにより、生臭みをなくすだけではなく、あの独特のかぐわしい香りで食欲をそそることとなります。

私は大体皮目を七分、身を三分という目安で焼き上げております。概ね、鶏などにもこの原理が応用できます。

また、塩焼きでは余程のことがない限り、焦げつきを作ることはありませんが、照り焼や漬け焼、幽庵焼などは最後まで強火を通すとすぐに真っ黒焦げになってしまいます。ここではまずタレをつけるまでにじっくりと火を通した後、全く別の観点で弱火を用いてタレや漬け汁の水分をカラメル状となるまで凝縮して照りをつけるという作業が必要となります。

重ねて申しますが、この要点さえ御含み置きいただければ、何回失敗を繰り返しても、徐々にその過程と問題点を認識し、上達することができます。これを熟練と申します。

魯山人造 備前「火襷」皿

鯛の塩焼き

皮目をしっかり焼くと
皮と身の間にある脂が全体をコーティングし、
皮がぱりっとした仕上がりになります。

〈材料〉

鯛……1kgのもの1尾
唐墨の粉……少量
蓮根、はじかみ生姜……各適量
甘酢(220頁参照)……適量
酢橘……2個
塩、酒

〈作り方〉

1 鯛は三枚におろして切り身にし、ペーパーを敷いたバットに並べて焼く30分前に下塩をする。
「塩をすると浸透圧で水分が出ます。しみ出た水分が逆戻りしないように注意して下さい」。

2 1を串に刺し、焼く直前に更にふり塩をする。
「全ての量の塩を下塩の段階で使いきってしまうと鯛から水分が抜けすぎてしまい、焼き上がりがコチコチに硬くなってしまいます」。

3 皮目から強火で焼き、こんがりと焦げ目がついたら裏返して身を焼く。
「身に火が通ってから皮目を焼くと身割れをおこす危険があります。焼き加減は、皮目を7分、身を3分という具合で。表面は焦げ目がつき、中はもう少しという段階で火からおろし、余熱で火を通すつもりで焼き上げて下さい。魚グリルで焼く場合も必ず皮目から焼いて下さい。丸ごと一尾で焼く場合は水洗いした鯛の水分をよくふき取り、海水程度の塩水に3時間程浸けます。水気をよくふき取り、ヒレが焦げないように化粧塩をして焼くと良いでしょう」。

4 蓮根は水から柔らかく茹で、冷めたら甘酢に漬ける。はじかみ生姜は熱湯で茹でてザルに上げ、ふり塩をして冷まし、20分程甘酢に漬ける。

5 鯛は、お好みにより仕上げの段階で酒少々を塗って唐墨の粉をかける。

6 器に盛り付け、酢蓮根、はじかみ生姜、酢橘を添える。

鰺の塩焼き

最もポピュラーで安価な鰺を上手く焼き上げられると、
御献立の大事な柱とすることができます。
くり返し試して、好みの焼き加減、
塩加減を体得して下さい。
青背の魚は焦げ目がつく位香ばしく焼いて下さい。

〈材料〉
鰺……2尾
茗荷……2個
甘酢（220頁参照）……適量
蓼酢（221頁参照）……適量
塩

〈作り方〉
1 鰺は三枚におろして小骨を抜く。皮目に切り目を入れ、焼く1時間前にしっかり塩をする。尾の方を串に刺して吊り下げておく。「鰺は表層魚で水分が多い為、余分な水分を抜くと旨味が増します。そのまま1日置いて一夜干しにすれば、更に美味しさが増すと思います」。
2 全体に塩がまわったら串を打ち、皮目から強火で焼く。焦げ目がついたら裏返して身の面を焼き上げる。「青背の魚は、鯛や鰈のような白身魚を余熱で仕上げるのとは異なり、しっかりと火を通します。完全に皮目がパリッとするまで、丁寧に焼き上げることが大切です」。
3 茗荷は熱湯で茹でてザルに上げ、ふり塩をして冷ましてから甘酢に20分程浸ける。
4 器に盛り付け、3の酢茗荷と蓼酢を添える。

魯山人造 鳥紋沙羅

サーモンの木の芽焼き

春の香りいっぱいの木の芽焼きにします。
桃色と緑がまさに「柳緑花紅」春爛漫です。

〈材料〉

サーモン
……60～70gの切り身4切れ

漬け地［酒2：みりん1：薄口醤油0・7を合わせたもの］

菜花……12弁　木の芽

出汁、塩、薄口醤油、酢、みりん

〈作り方〉

1　サーモンは塩をして15分置く。
「塩の粒子が吸収されると水分がしみ出てきます。これが塩がいきわたった合図です」。

2　1を漬け地に3時間程漬け込む。

3　2を引き上げ、水気をしっかりきって串を打つ。
「サーモンは皮目の色が気になりますので、身の方が表になるように串を打つと良いでしょう。焼き上がりの色が鮮やかになり、食卓に花を添えます」。

4　3を弱火でじっくりと焼く。
「漬け地が表面でカラメル状に変化していきます。急に焦げ目がつくので注意をして下さい」。

5　仕上げにみりんを塗って木の芽を細かく叩いてふりかけ、もう一度あぶって香りを出す。
「200度のオーブンで皮目を下にして10分程焼き、みりんを塗り、更に250度で2分程焼かれても良いでしょう」。

6　菜花は熱湯に塩ひとつまみ入れた中で30秒程茹で、冷水に取る。冷やした出汁に薄口醤油を数滴たらした地に浸ける。

7　器に盛り、木の芽酢と菜花の浸しを添える。
「木の芽酢は米酢に木の芽を叩いて加えたもの。木の芽酢を添える場合は、魚に塩をきつめにしておくと相性が良くなります。この調理法は鱸や鰆、油目、鯛などの春から夏に旬を迎える魚に向いています」。

かますの柚庵焼き

幽庵地に柚子を入れると「柚庵焼き」と呼ぶことになります。
魳の旬は初秋の時期ですので、青柚子の輪切りを添えました。

〈材料〉

魳……2尾

幽庵地［酒2：みりん1：濃口醤油0・5：薄口醤油0・2を合わせたもの］

柚子

酢蓮根（92頁「鯛の塩焼き」参照）

酢橘

塩
……適量

〈作り方〉

1　魳は三枚におろして小骨を抜き、皮目に切り目を入れる。皮目に塩をして15分程置く。

2　1を幽庵地に柚子の輪切りを入れた中に1時間程浸ける（写真）。

3　引き上げて水気をきり、両端を折るように串を打つ（両褄焼き）。
「身が小さい場合は片方だけを折ります（片褄焼き）」。

4　皮目から中火で焼き、軽く焦げ目がついたら、裏返して丁寧に焼き上げる。
「オーブンで8～10分焼いても良いでしょう（上記「サーモンの木の芽焼き」参照）」。

5　器に盛り付け、酢蓮根と酢橘を添える。

古伊万里デルフト角皿

高橋道八造 赤絵福字皿

鰆の味噌漬け

京の冬の美味の大スタンダード、
東京では白味噌のことを西の京すなわち西京味噌と言うので、
「西京焼き」とも呼ばれますが、京都では単に「味噌漬け」と呼んでおります。
やはり鰆のように少し身が柔らかい魚の方が
焼き上がっても、コチコチに硬くなり過ぎません。
じっくりと焦らずに、香ばしさが出るよう
焦げ目を程よくつけることが大事なポイントです。

〈材料〉
鰆……70～80gの切り身4切れ（真魚鰹、ぐじ、銀鱈でも可）
味噌床［白味噌（精製前の粒状のものが最適）500g　酒70cc　みりんカップ1/4］
塩、みりん
柚子
菊花蕪酢漬け［蕪、塩、甘酢（220頁参照）、鷹の爪］……適量

〈作り方〉
1　鰆は塩を強めにし、30分程置く。
2　味噌床は材料をよく混ぜ合わせる。
3　2に1を丸2日間浸ける（写真）。
「鰆をガーゼで包んでおくと、味噌の粒子が直接つかず、上手く焼けます」。

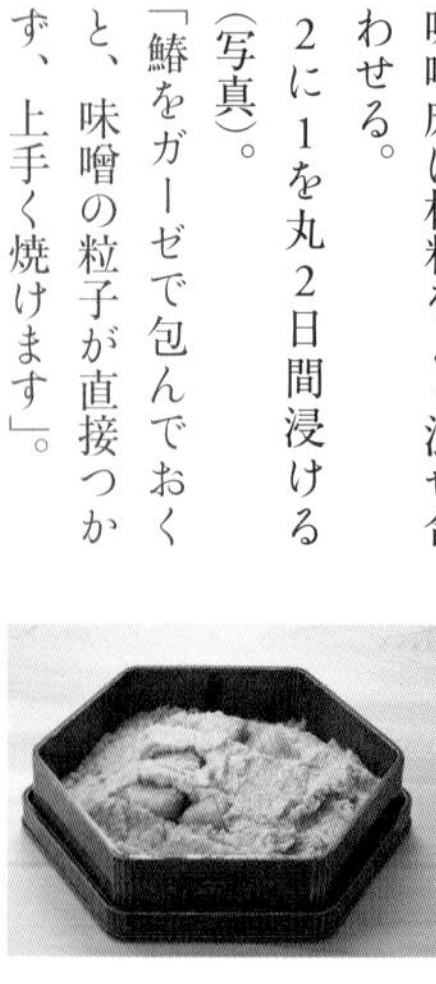

魯山人造 秋紅葉皿

4
味噌床から取り出して串を打ち、弱火でじっくりと焼く。
「焼きものの中で味噌漬けが最も焦げやすいので注意して下さい」。

5
16～17分以上かけて焼くと焦げ目がついてくるので、裏返して、更にじっくりと焼き上げる。みりんをひとはけ塗り、ふり柚子をして軽くあぶる。
「180度に温めたオーブンで皮目を下にして16～17分位焼き、みりんを塗って更に200度で1分程焼いても良いでしょう」。
「ふり柚子をしてからあぶると柚子の香りがたちます」。

6
蕪は2cm角に切って格子状に細かく切り目を入れ、塩水に1時間浸けた後、鷹の爪を入れた甘酢に漬ける。

7
器に盛り付け、菊花蕪酢漬けを添える。

ぶりの照り焼き

あらかじめ塩で下味をつけることによって、上味となるかけ醤油やタレの醤油の割合を少なくすることができます。これにより、焦げにくく、又、鰤本来の持ち味を活かすことができます。

叶 松谷造 赤絵金襴角鉢

〈材料〉

鰤……厚めの切り身（80〜90g）4切れ
「切り身は厚めの方が、持ち味を活かせます」。

かけ醤油［酒2：みりん1：濃口醤油2を合わせてひと煮立ちさせたもの］

〈フライパンで仕上げる場合〉

タレ［酒2：みりん1：濃口醤油0・7を合わせたもの］

白葱酢漬け（220頁参照）……適量

実山椒、粉山椒、しぼり生姜

小麦粉、サラダ油

塩

〈作り方〉

1 鰤は薄く塩をして15分置き、串を打つ。

2 表側から強火で焼き、焦げ目がついて油が出始めたら裏返す。裏側にも焦げ目がつくまで焼く。
「火の通り具合は85%位を目安にして下さい」。

3 2にかけ醤油をかけて弱火にし、表面がカラメル状になったらもう一度かけて照りよく仕上げる。
「焦げやすいので、一気に火を弱めて下さい」。

〈フライパンで仕上げる方法〉（写真）

1 塩をした状態の鰤は、小麦粉を全体に薄くつける。

2 フライパンにサラダ油大さじ1を入れて熱し、鰤を入れて両面をこんがりと焼く。
「火の通り具合は75%位を目安にして下さい」。

3 2のフライパンに水を入れ、一度油を洗い流す。

4 鰤を取り出してタレカップ3/4を入れ、沸騰してきたら鰤を戻し、強火で絡めるように煎りつける。
「小麦粉が溶け出し、タレにとろみがつきます。残りの25%はこうして火を通します。フライパンで焼く時はかけ醤油を使うと味を吸収しすぎて辛くなってしまいますので、醤油を少なめに合わせたタレを用います」。

5 器に盛り付け、実山椒をちらし、白葱酢漬けを添える。煮汁は味見して粉山椒やしぼり生姜を加えてかける。

鶏のつけ焼き

河井寛次郎造 筒描丸皿

鶏は何処でも入手でき、家庭の食卓ではレギュラーとして定着しています。
鶏の個性を再認識して、
一度じっくり手間をかけてステップアップして下さい。

〈材料〉
鶏もも肉……2枚
さつま芋、白葱……各1本
かけ醤油［酒2：みりん1：濃口醤油0・2を合わせたもの］
シロップ［水カップ3、砂糖150g］
くちなし……2〜3個
粉山椒、木の芽、練り辛子
塩

〈作り方〉
1 鶏肉は皮目に串で穴をあけ、塩をして10分置く。
「鶏肉は火が通りにくいので、穴をたくさんあけることで皮が風船のように膨らまず、余分な脂が落ちて火の通りも早くなります」。

2 串を打ち、皮目から中火でじっくり焼く。
「火が通ってくると皮から溶け出た脂がポタポタ落ちます。その脂が出るまでに焦げ目がついてしまうと、すぐに焦げが広がってしまいパリッとなりません。いかに皮目を香ばしくパリッと仕上げるかに砕心して下さい」。

3 裏返して身の面を焼く。
「皮目が七分、身が三分位の割合が丁度よろしいでしょう」。

4 火が通ったらかけ醤油をかけて弱火で軽くあぶり、もう一度同様にし、最後に粉山椒をかけてさっとあぶる。

5 さつま芋は3cm幅の輪切りにし、栗の形にむく。流水によくさらし、水から茹でる。柔らかくなったら水に落とし、水が透明になるまでさらす。鍋にシロップの材料を入れ、火にかける。砂糖が溶けたらさつま芋を加えて15分程弱火で煮、そのまま冷ます。白葱は焼いて長さ3cmに切る。
「さつま芋を茹でる時にくちなしの実を入れると天然の黄色が得られます」。

6 4は食べやすい大きさに切って器に盛り、木の芽をのせる。お好みでかけ醤油をかける。5の焼栗芋、焼き白葱、練り辛子を添える。

御贔屓献立帖（ごひいきこんだてちょう）

福田平八郎

福田平八郎画「鯉」

ふくだ・へいはちろう（1892-1974年）
日本画家。代表作は「鯉」「漣」など。文化勲章受章者、文化功労者。

永ラク京都画壇ノ重鎮デアラレタ平八郎先生ハ、晩年マデ月一回ノ浜作会ニヨク御越シイタダキマシタ。イツモ先生ハスケッチブックヲ御持チニナリ、出テ来ル料理ヲ一品一品写生ナサッテオリマシタ。特ニ釣リガ御趣味デアッタ先生ノ描カレル「鯉」「鮎」ナドハ、本物ヨリモ本物ラシク描カレテ、五十年以上経ッタ今デモ、ソノ輝キガ失セルコトハアリマセン。毎夏、美山ヤ和知ナドノ鮎ガ届キマスト、一番ニ塩焼キニシテ御宅ヘ持ッテアガルノガ、若イ頃ヨリノ父ノ決マリ事デアリマシタ。

河井寛次郎造
草絵角鉢（奥）
筒描茶釉円陶盤（手前）

鮎の塩焼き(写真手前)

生きた鮎に登り串を打つ。ふり塩をして強火で表から焼き、充分焦げ目がついてから裏返して仕上げる（川魚はよく焦げ目がついていないと美味しくありません）。蓼酢、花山椒の酢漬けを添える。

玉子豆腐(写真奥)

卵、出汁、ほんの少しの塩、薄口醤油を合わせ、丁寧に漉して流し缶に移す。かろうじて沸いている弱火の蒸し器で蒸し上げる。よく冷やして盛り付け、美味出汁、ふり柚子をかける。

御贔屓献立帖（ごひいきこんだてちょう）

チャールズ・チャップリン

「昭和11年にチャップリンが浜作へ来店し、“鶉の鍬やき”を賞味した」ということをお孫さんが書き残しています

Charles Spencer "Charlie" Chaplin（1889－1977年）
英国の映画俳優、映画監督。「喜劇王」と称される。

日本贔屓デアッタチャップリン先生ハ、昭和七年カラ四度来日ヲ果タサレテオリマス。三度目ハ昭和十一年五月、ポーレット・ゴダードトノ新婚旅行ヲ兼ネタ世界旅行ノ途中、京都マデ足ヲ延バサレ、柊家旅館ニ長ラク滞在ナサイマシタ。コノ時ノ一夕、当店ヘ御越シニナリマシタ。世界ノ喜劇王ノ登場ニ熱狂的ナ野次馬デ店前ハ黒山ノ人ダカリデアリマシタ。ソノ時ニ召シ上ガッタノガ、コノ鶉ノ鍬ヤキデゴザイマス。

当時欧米ニハカウンター形式ノレストランナド在ルハズモナク、ピンピン跳ネタ伊勢海老ヤ鮑、トントント出刃包丁デ叩ク鶉ノ骨叩キナド、オリジナルノ包丁技ヲ興味深ク観察ナサリ、拍手喝采ヲイタダイタ、ト祖父ハ自慢ゲニヨク話ヲシテオリマシタ。

河井寛次郎造 流し描皿（奥）
棟方志功造 薔薇花絵丸皿（手前）

鶉の鍬やき（写真手前）

鶉は肋骨部分だけを残して骨を取り除き、出刃包丁の背で肋骨を細かく砕く（この小骨の部分が最も美味しい）。軽く塩、胡椒して片栗粉をまぶし、しばらく置く。小麦粉をつけ、よく熱したフライパンに油をひき、皮7身3の割合で焼きつける。流水で脂を洗い、鶉を取り出す。酒、みりん、濃口醤油を煮立たせ、鶉を戻して強火で絡めるように煮詰める。食べやすく切って盛り付け、茹でたほうれん草を添える。

鮑と松茸のバター焼き（写真奥）

鮑は食べやすく切り、薄く小麦粉をまぶす。松茸は石づきを取って濡れ布巾でふき、食べやすい大きさに切る。フライパンに酒少量を煮立たせ、バターを入れて煮詰める。鮑を加えてごく少量の薄口醤油で味を調えて一度取り出す。煮汁を更に煮詰め、松茸を加えて1〜2分強火で炒りつけ、最後に鮑を戻して絡める。器に盛り付けて煮汁を添え、バター炒めして薄口醤油、塩で調味したアスパラとレモンを添える。

御贔屓献立帖（ごひいきこんだてちょう）

バーナード・リーチ

Bernard Howell Leach（1887-1979年）
イギリス人の陶芸家。日本の民芸運動に深く関わる。浜田庄司と共に窯を開き、独自の作風を築いた。

リーチ先生ハ、来日ノ度ニ、河井寛次郎先生ヤ富本憲吉先生ト御一緒ニ御越シ頂キマシタ。
英国人ラシク生魚ハ召シ上ガリマセンデシタ。ソコデ寛次郎先生ノ発案デ、毎回、主菜ニハ鶏モモノ炭火焼キ＝ローストチキン・リーチ風ヲ御用意致シマシタ。味付ケハ、シンプルニ塩ト山椒。皮目ガ、パリットスルマデ、ジックリト焼キマス。レモント辛子醤油デ召シ上ガリマシタ。
現在ノ当店ノ暖簾ハ、昭和九年ニ、初代主人ガリーチ先生ニ御願ヒシ、デザインシテ頂イタモノデ有リマス。

バーナード・リーチデザインの麻暖簾
「浜作」の字は川端康成によるもの

バーナード・リーチ造 夫婦絵大皿

鶏の炭火焼き
バーナード・リーチ風

鶏骨付きもも肉は骨にそって筋を切り、皮目に穴をあけ、塩をしっかりして15分置く。皮目から中火にかけ、軽く焦げ目がつき、パリッとするまでじっくりと焼く。裏返し、身もきつね色になるまで焼く。仕上げに粉山椒をふってレモンを添える。付け合わせは焼き万願寺唐辛子、栗の甘露煮。

揚げもの

「揚げる」という料理法ほど、勘を必要とするものは他にありません。要するに食卓で口に含むまで火の通り具合の成否が判明しないわけですから、この見極めは経験と熟練によって養うほかはありません。

後片付けが面倒という理由で、とかく揚げものは敬遠されがちであります。又、明らかにダイエットには反する料理法であります。しかし、その格別の味わいにおいて、その食感において、その熱伝導の効率において優れた特性をもっておりま す。時間的制約が多く、又少ない素材でボリューム感を出したい時など、家庭料理には本来適した料理法ではないでしょうか。

揚げものの良し悪しは、まず油の質が左右致します。江戸前の天婦羅の美味しさはひとえに良質の胡麻油のなせる技であります。生の胡麻を絞った極上品は酸化しにくく、一八〇度を超える高温でもあまり劣化することがありません。ここが胡麻油の利点であります。

しかしながら、強い香りと個性が京、大阪ではあまり好まれない理由かもしれません。一長一短、さらっとして淡泊ないわゆるサラダ油は、軽くカラッと仕上がりますが風味は薄く、又高温ではすぐに劣化してしまいます。御家庭ではこのサラダ油を基本として一割〜二割程度胡麻油を加えるといった具合で調合なさると、使い勝手が良いでしょう。

次に重要なことは、油の量と温度です。高価な油を無駄にしてはいけないのはもちろんですが、かといってあまりケチケチするとかえって失敗を招くこととなります。これは油の量と温度が相関関係にある為であります。揚げものをカラッと揚げるコツはなんでしょう。それは、常に温度がなだらかな上昇局面にあることにつきると思います。素材を油に入れることにより、温度は必ず下がります。

この時如何に温度の低下を少なくするかということが重要となります。温度の下降は仕上がりの油切れを悪くし、ベタつきを生む結果となります。油の量が多ければ多い程、又一度に入れる素材の量が少なければ少ない程、この弊害を減らすことができます。一度急激に低下した温度を元に

戻すには、家庭用のコンロではカバーしきれませ
ん。自分なりに計算をして、この点を不可分なく
融合させることがより美味しく、より経済的にと
いう相反した目的を両立させることとなります。

天婦羅

やはり揚げ立ては
油ものの王者でありましょう。
カラッと軽く仕上げる為、
衣に粘り気を出さないことが
ポイントです。

〈材料〉
車海老……8尾
さつま芋……1本
蓮根……1節
南瓜……1/4個
椎茸……4個
青唐辛子……8本
天婦羅衣［薄力粉150g　卵黄1個
　炭酸水20cc　冷水カップ1］
酢橘……2個
塩、揚げ油

中川浄益造 南鐐八寸盆

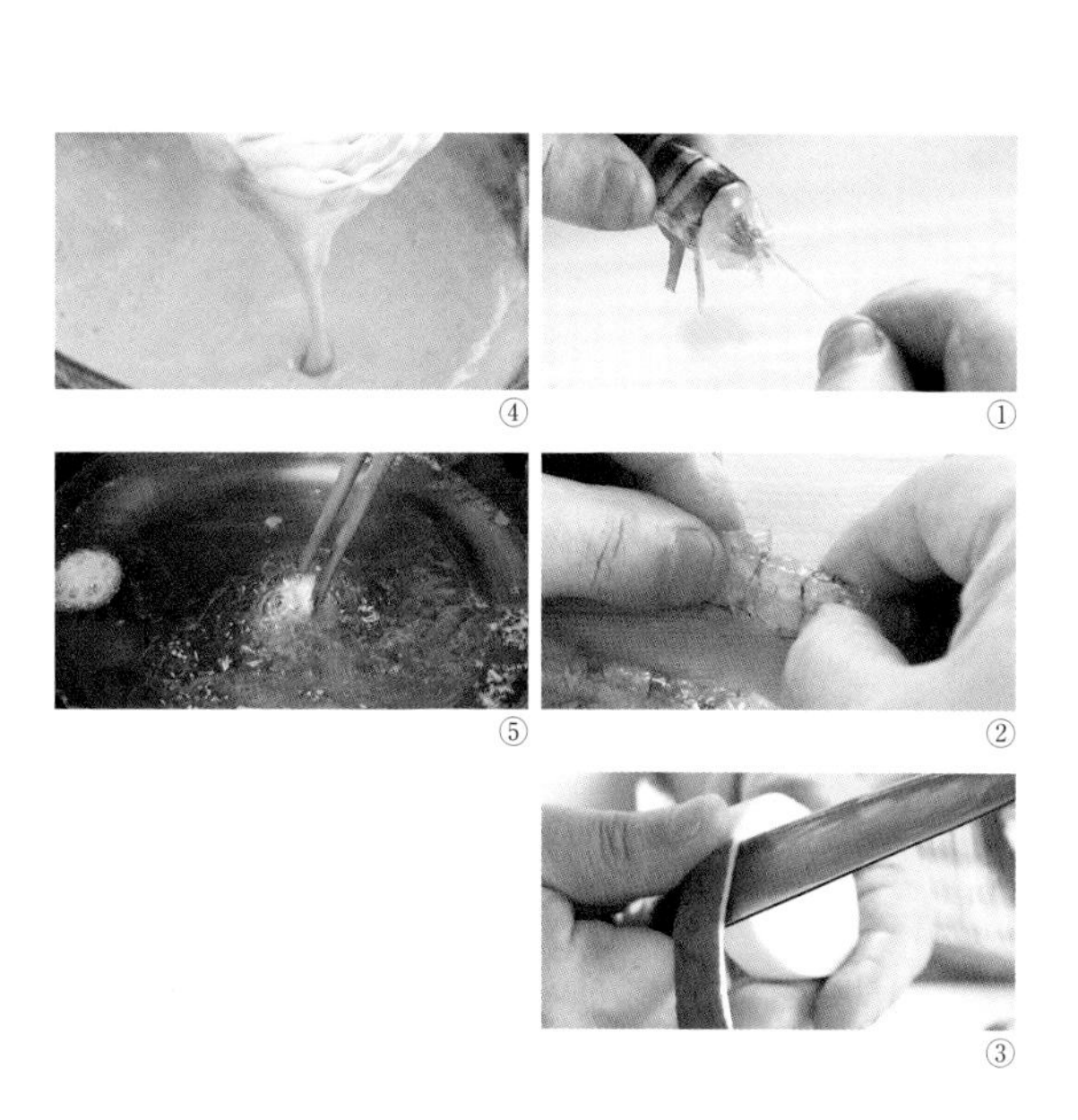

〈作り方〉

具材の準備

1　海老は頭と共に背ワタを抜いて（写真①）殻をむき、腹側に切り目を入れ、背側から押さえて腰を折る（写真②）。
「切り目を入れただけでは曲がってしまいます。尾からもち上げた時にダラーンとなるように手で力を入れて押さえ、身の反発力をなくしてしまう、これを〝海老の腰を折る〟と言います」。

2　尾の先を切りそろえる。
「尾は袋とじのような状態ですので、そのままだと空気が膨張して油がはねてしまう恐れがあります」。

3　さつま芋と蓮根は厚めの輪切りにし、皮をむく（写真③）。南瓜はやや厚めに切る。椎茸は十文字に切り目を入れる。青唐辛子はヘタを取る。

衣を作る

4　ボウルに卵黄、炭酸水、冷水を入れて混ぜ合わせ、卵水を作る。

5　冷やしておいた薄力粉はふるって４に徐々に加え、あまりかき混ぜずに叩くように混ぜて馴染ませる（写真④）。
「粘りを出さないことが肝心です。混ぜれば混ぜる程、又、熱をもつと粘りが出ますので、全ての材料を冷やしておくことが大切です。ドロドロというよりはポタポタと落ちる位を目安にします」。

揚げる

6　野菜はやや濃度が薄めの衣で、火の通りにくいものから１６５度位の油に入れる（写真⑤）。
「今回の具だとさつま芋、南瓜、蓮根、椎茸、青唐辛子の順になります」。

7　海老は野菜を揚げ終わった衣に粉を足し、１７５度位の油で揚げる。尾を持って衣をつけ、泳がすようにふり入れる。
「油の中で泳がすようにすると余分な衣が取り除かれ、又衣に接触する油が多くなる為瞬時に固まり、更にカラッとした衣が得られます。活け海老は火の通りが90％でも充分美味しく召し上がることができます。冷凍海老は水気があるので打ち粉をし、火が通りにくい為、焦げないように１６５〜１７０度でじっくりと時間をかける必要があります」。

8　器に盛り付け、酢橘と塩を添える。

かき揚げ

東京では江戸前すなわち東京湾で採れた、芝海老や小柱など比較的小ぶりなものを寄せて揚げるのが、本筋です。
関西では牛蒡や玉葱などを細かく刻んで合わせる方が一般的です。
貝や烏賊、海老などと残りものの野菜をご活用ください。

紫交趾荒磯屏風皿　黄瀬戸琵琶小付

①

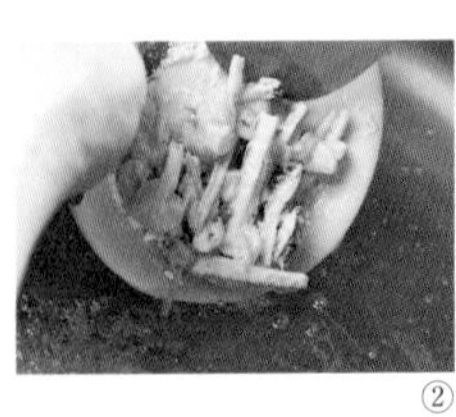
②

〈材料〉

貝柱、椎茸……各4個
牛蒡……½本　三つ葉……1束
小麦粉、天婦羅衣（108頁「天婦羅」参照）
……各適量
天だし［水カップ4　みりんカップ½　濃口醤油、薄口醤油各カップ¼　昆布1枚（約10g）
かつお節20g］
大根おろし……適量
揚げ油

〈作り方〉

1　貝柱はペーパーで水気をしっかり取り、横半分にへぎ、縦に棒状に切る。椎茸も同様に切る。牛蒡は3cm位の筒切りにし、十字割りする。三つ葉は3cmに切る。ボウルに入れて混ぜ合わせる。「具材が均等になるよう、よく混ぜて下さい」。

2　1に小麦粉をふりかけ、むらなくまぶす。「小麦粉はうっすらつく位の量が目安です」。

3　2に天婦羅衣を大さじ1程加え（写真①）、全体に薄く行きわたるようによく混ぜる。「衣を入れすぎると仕上がりが重くなるので、最小限の衣を合わせて下さい」。

4　小皿に薄く粉を打ち、3を隙間をもたせながら楕円に広げ、165度の油にすべりこませるように入れる（写真②）。「充分に隙間をあけないと具の間に油の通り道がなくなり、水分が抜けずにこもり、仕上がりがべたつきます。又、お皿が油につく感じで入れることが大事です。高いところから落とすとかえって油がはねかえり危険です」。

5　一度裏返し、衣がカリッとするまで、じっくりと揚げる。

6 天だしはかつお節以外の材料を鍋に入れて弱火にかける。20分程かけて沸騰直前まで温度を上げ、鍋満面にかつお節を入れ、冷まして漉す。

7 器に盛り付け、天だしと大根おろしを添える。

サーモンと豆腐の揚げ出し

サーモンだけでは少しボリューム感が足りないと思われる時、お豆腐を合わせれば色合いのコントラストも紅白となり、一段階グレードアップできます。

〈材料〉

サーモン……60~70gの切り身4切れ
木綿豆腐……1丁
こしあぶら……4本
大根おろし、もみじおろし（220頁参照）、打ち葱……各適量
美味出汁（221頁参照）……適量
片栗粉、小麦粉、揚げ油、塩

〈作り方〉

1 豆腐は8等分に切り、ペーパーで軽く水気をきる。片栗粉をたっぷりまぶして2~3分置く。更に小麦粉をまぶし、160度の油で表面がカチッとし、薄くきつね色に色づくまで揚げる。「片栗粉をつけて置くことにより、片栗粉が豆腐の水分を吸収し、カッチリとした表面ができます。更に小麦粉をつけることで、水分が油に直接当たることがなくなりカラッと揚がります」。

2 サーモンは薄塩をして2~3分置き、水気が出てきたら片栗粉をまぶしてしばらく馴染ませる。更に小麦粉をまぶして170度の油でカチッとなるまで揚げる。

3 こしあぶらは水洗いして小麦粉で打ち粉をし、片栗粉を水で溶いた衣をつけ、170度位の油でカラッと揚げる。

4 器に盛り、大根おろし、もみじおろし、打ち葱を添え、熱々の美味出汁を注ぐ。

河井寛次郎造 流し鉢

プリンス オブ ウェールズ
英国 チャールズ皇太子

Charles, Prince of Wales（1948年－）
英国の皇太子。

「Charles His Royal Highness」
1970年4月10日来店時のサイン

昭和四十五年ノ大阪デノ万国博覧会ノ時ハ、京都モ世界各国カラノ観光客デ溢レ、大変ナ活況デアッタコトハ、当時小学生デアッタ私モ大変印象ニ残ッテオリマス。

ソノ英国館視察ノ為、チャールズ皇太子ガ来日サレ、当店デ天婦羅ヲ御召シアガリニナリマシタ。コノ時マダ殿下ハ御独身デアラレマシタ。後ニ、ダイアナ妃ト御夫婦デ入洛ナサッタ時ハ、二条城デ園遊会ガ催サレ、裏千家ノ朧雲斎御家元ガ御点前ヲナサイマシタ。其ノ御傍デ亡父ガ特製ノ屋台ヲ組ミ、揚ゲタテヲ御出シシタノモ、十五年前ト同ジ、車海老ノ天婦羅デゴザイマス。

車海老の天婦羅

＊作り方は109頁参照

河井寛次郎造 辰砂桜絵陶盤額
取り皿：富本憲吉造 染付花絵皿

御贔屓献立帖

小津安二郎

おづ・やすじろう（1903-1963年）
映画監督、脚本家。代表作は「東京物語」「麦秋」など多数。

終戦後間モナクノ頃、政策ニヨリ東京ヤ大阪、京都ナド大都市ノ高級料理店ガ営業停止ニナルトイフ事態ニ陥ッタ困難ナ時期ガアリマシタ。其ノ時、手前ドモハ致シ方ナク半年間とんかつ屋トシテ営業イタシマシタ。店バカリデハナク、祇園町ノ「一力サン」ヤ「富美代サン」ナドノ御茶屋サンニモ、とんかつヲ出前サセテイタダキマシタ。意外ニコレガ大好評デ、ソレニ合フ器ヲ河井寛次郎先生ニ作ッテイタダキマシタ。
ソノ時ノ事ヲ懐カシミ、後年小津安二郎監督ガスタッフ大勢デ御来店ノ時ナド、メニューニハ無ヒコノとんかつヲ、度々御注文ナサッタモノデゴザイマス。

とんかつ

豚ロースは格子状に切り目を入れて筋を切る。塩、胡椒して水気が出たら小麦粉をまぶして少しおき、卵、乾燥パン粉の順につける。160度位の低温の油に入れ、最後は175〜180度の高温で完全に火を通し、きつね色にカラッと仕上げる。キャベツサラダ、湯むきトマト、レモンを添える。出汁を煮立たせ、ケチャップ、ウスターソース、薄口醤油、おろし生姜を加えて少し煮詰めた自家製とんかつソースを添える。

河井寛次郎造 黄彩縞目大皿　取り皿：河井寛次郎造 流し皿
バーナード・リーチ造 ソースピッチャー

御贔屓献立帖

川口松太郎

かわぐち・まつたろう（1899－1985年）作家。『鶴八鶴次郎』『風流深川唄』などで、第一回直木賞を受賞。文化功労者。

記念スベキ第一回直木賞ヲ受賞ナサレ、「愛染かつら」等ノ大ベストセラーヲ数多ク産ミ出サレタ先生ハ演劇界、映画界ノ大御所トモ成ッテ居ラレマシタ。女優サンヲ大勢引キ連レテノ御来店ハ、誠ニ華ヤカナモノデ有リマシタ。

子供ノ頃ヨリ奉公ニ出サレ、アラユル辛酸ヲナメタ上デ、持チ前ノ負ケン気ト才能デ大家トナラレタ先生ハ、九ツカラ丁稚ニ出サレ、腕一本デ板前割烹ヲ興シタ祖父トハ何カ相通ズル親近感ヲ持ッテ頂イタノデショウカ、永ク御贔屓ニアズカリマシタ。

父ト御挨拶ニ伺イマシタ時、先生ハ「人間ネェーオギャート産マレテ死ヌマデ、嫌デモナンデモ飯ヲ食ワネェートイケネェーンダヨ。同ジ食フナラ、旨イガイイニ決マッテンダ。旨イモノヲ食フト良イ仕事ガ出来ルンダ。オマエントコロハソウイフ良イ商売ナンダ。ダカラ坊ヤ頑張ラナクッチャイケネェーヨ」ト胸ノスク様ナ江戸弁デキッパリト言ハレマシタ。眉ヲ八文字ニ、ニコット微笑マレマシタ御顔ヲ今デモハッキリト覚ヘテ居リマス。

目板がれいの唐揚げ（写真右）

＊作り方は198頁参照

海老芋の博多蒸し（写真左）

ゆがいた海老芋を裏ごし、魚のすり身を2割量加え、卵白を合わせ、みりん、薄口醤油、塩で下味をつける。鶏そぼろに卵黄を混ぜ、濃いめの出汁溶き葛粉を合わせる。流し缶に2cm程海老芋生地を流し込み、20分蒸す。一面に片栗粉を塗り、1cm程鶏そぼろ生地を流して10分蒸す。片栗粉を塗り、海老芋生地を2cm流して20分蒸す。冷めてから切りそろえ、一度蒸し器で温めてべっこうあんをかける（切り口が博多帯のようなので博多蒸しと呼んでおります）。

魯山人造 櫛目織部皿（奥） 河井寛次郎造 練上鉢（手前） 時代根来盆

御贔屓献立帖（ごひいきこんだてちょう）

アンドレ・ルコント

André Lecomte（1932-1999年）フランス人パティシエ。日本で初めて本格的フランス菓子専門店を開く。

当世デハ、フランス帰リノパティシエガテレビニ本ニト引ク手数多ノ活躍ブリデゴザイマスガ、イチ早ク本格的ナフランスノ伝統アル洋菓子ヲ日本ニ紹介シ、広ク定着スル基盤ヲ作ラレタノハ、紛レモナク、ムッシュ・アンドレ・ルコント先生デアルト、私ハ考ヘテオリマス。

奥様ト御来店ノ度ニ、色々ナ御料理ヲ御召シアガリイタダキ、本場フランスデ研鑽ニ研鑽ヲ重ネラレタ確カナ味覚デノ御批評ハ、経験ノ浅イ私ニトリ、ドレダケ勉強ニナッタカワカリマセン。生前最後ニ御来店ニナリマシタ時、「ここの御料理は、ヴェルディのオペラのように構成がしっかりしていて、味付けのメロディーが素晴らしい」ト褒メテイタダキマシタコトハ、同ジクオペラヲ愛スル私ニトリマシテ、最モ誇リトスル経験デゴザイマス。ムッシュガ御亡クナリニナッタ後モ、奥様ノマダム靖子様モ高イ見識ヲ御持チデ、変ワラヌ御贔屓ヲイタダイテオリマス。明石ノ天然ノ車海老ヲ海老フライニシテ、藤田嗣治先生ガ描カレタピエロノ御皿ニ盛リ付ケマシタ。マタ蓋物ハ叶松谷先生御得意ノ素晴ラシイ銀彩ノ器デゴザイマス。

車海老のフライ（写真手前）

大振りの活けの車海老の先端部分を切り落とし、殻と足を取り除く。腹側に切り目を入れて腰を折り、尾は切り揃える。塩、胡椒して3分程おき、小麦粉をまぶし、しっかりはたく。よく溶いた卵、細かいパン粉を順につける。１７５度の油でこんがり揚げ、レモンとタルタルソースを添える。

蟹まんじゅう　葛あんかけ（写真奥）

渡り蟹を40分蒸したものに、酒としぼり生姜をかけて汁気を切る。椎茸、軸三つ葉、スクランブルエッグを加え、ごく少量の卵白を合わせ、塩、胡椒、みりんで下味をつけてしばらく置く。ピンポン玉大に丸め、小麦粉、卵、餅粉の順につけ、１７５度の油で揚げる。銀あんにしぼり生姜とケチャップを加えてかけ、おろし生姜を天盛りする。

叶 松谷造 瑠璃釉銀彩蘭絵蓋物（奥）
藤田嗣治絵付　染付ピエロ皿（手前）

浜作

料理心得帖3

――料理編

鐵齋筆「蔬菜図」

浜作・森川氏のこと

文・中村吉右衛門（日本芸術院会員・歌舞伎役者）

私はいつ時分から「浜作」の料理を食べてきたのだろう。思い返してみても記憶が定かではないほど馴染んでいるということでしょう。私の養父である初代吉右衛門とご主人のお祖父さまの代から三代にわたってお付き合いをさせて頂いております。

平成15年からは八坂鳥居前にお店を構えていらっしゃいますが、昔は祇園富永町にございました。やはり初代が大変お世話になりましたお茶屋「吉つや」さんの並びです。このお茶屋さん、残念ながら今はなくなってしまいましたが、私は南座の芝居がはねると毎日のようにこの「吉つや」さんに寄っておりました。ですから、お店先でご主人と偶然お目にかかり「お疲れさんでございます」「こんばんは」などとご挨拶を交わすこともございました。

お店のカウンターに座って好きなものを堪能するのはもちろんですが、南座に出ずっぱりで精も根も尽き果てた時などは、ご主人がホテルに夕食を何日も届けて下さいました。舞台を終えてホテルに戻ってホッとして、心尽くしのお料理を寛いで頂く。どんなにありがたかったことでしょう。

ご主人はたとえ毎日、同じ料理をお客さまにお出しするとしても、日々気持ちを新たにし「一期一会」の気持ちで包丁を握るのだそうです。これには歌舞伎役者として舞台に立っている私も共感を覚えずにはいられません。奇を衒わず、伝統を重んじ、温故知新の精神を大切にして、私は舞台に、ご主人は板場にて、お客様と向き合う。世界こそ違えども何か共通するものを感じます。

また、ご主人は年を経るごとに「作為がなくなってきた」と感じている、と伺いました。毎日が発見、気づきの連続……。私にも覚えがあります。若い頃は偉大な先輩方のやり様を真似るだけで精一杯。何かが違うと感じながらも、それが何かがわからない。でも、精進し続けているうちに気づく瞬間があります。私は衒いのない役者になりたい。なにか特別なことをするわけでもないのに「あぁ、この人が出てきてよかった」とお客様に思って頂ける役者が、私の理想です。年こそ私よりお若いが、森川さんは同じ思いを持つ人、いわば同志だと私は感じています。

またお店に伺うのが、楽しみでなりません。

「浜作」のカウンターで寛ぐ中村吉右衛門氏　（撮影／鍋島徳恭）

　中村吉右衛門さんは2021年にご逝去されました。

御贔屓献立帖（ごひいきこんだてちょう）

初代 中村吉右衛門

しょだい なかむら・きちえもん（1886－1954年）
歌舞伎役者。文化勲章受章者。

「顔見世の楽屋入まで清水に」

私ドモガ浜作ヲ開店シタノハ昭和二年。祇園町ノド真ン中、富永町ニ本店ヲ構ヘテオリマシタ。両隣ニハ「富美代サン」、「吉つやサン」トイフ二軒ノ立派ナ御茶屋サンガアリマシタ。其ノ吉つやサンノ女将サンハ、代々中村吉右衛門様「播磨屋」ノ大ノ御贔屓デアリマシタ。中デモ初代ノ女将サンハ、先ズ神様事ヲ別ニスレバ、御商売ヲ差シ置イテモ、播磨屋ノ御世話ヲ優先ナサルトイフ、マタ体重ハ二十貫ヲ遥カニ超ヘ、デップリト太ッタ何事ニモ動ジナイ真ニ風格アル女丈夫デアリマシタ。

初代吉右衛門様ハ、晩年ニハ俳優トシテ生前ニ初メテ文化勲章ヲ受章ナサリ、歌舞伎座ノ、ヒイテハ日本演劇界ノ座頭トナッテオラレマシタ。吉例ノ十二月ノ顔見世ニハ度々御出演ナサリ、南座ニ近イセイモアリ、一カ月ニワタッテ吉つやサンノ離レ座敷ニ滞在ナサッテオラレマシタ。其ノ間、幕間ニ、マタ終演後ニ、色々ト御好ミノ御料理ヲ御持チ致シマシタ。

朝ハ決マッテ引キタテノ一番出汁デ野菜ヲジックリ煮込ンダスープヲ御用意致シマシタ。満腹デハ御芝居ガシヅラク、マタ空腹デハ力ガ入ラナイトイフ理由デ、女将サント播磨屋夫人ガ苦心シテ御考案ナサッタモノヲ、手前ドモガ御作リシタ次第デゴザイマス。

大播磨ハ俳句ノ達人デ、高浜虚子先生トモヨク御一緒ニ御越シイタダキマシタ。「顔見世ノ　楽屋入マデ　清水ニ」ノ御自作ト、娘婿デアル初代白鷗様ノ狸ノ絵トノ合作ガゴザイマス。其ノ御贔屓振リハ、二代目ノ女将サンマデ引キ継ガレテオリマシタガ、残念ナガラ二十四年前ニ亡クナラレ、後ハ不肖手前ドモガ、其ノ役割ヲ御縁ノ品々ト共ニ御引継ギシ、現在ニ至ッテオリマス。

河井寛次郎造 呉州茶碗
一閑張勧進帳巻物型膳

特製野菜スープ

じゃが芋、人参、蓮根、生姜、こんにゃくは1㎝角に切り、水にさらす。鍋に昆布1枚と具材、水を入れ、野菜が柔らかくなり、昆布の旨味が充分に出るまでことこと煮込む。一度野菜を取り出し、かつお節をひとつかみ入れて漉す。薄口醤油、みりん、塩で調味して野菜を戻す。

河井寛次郎造 練上渦巻鉢
魯山人造 吉字猪口

二代目 中村吉右衛門

にだいめ なかむら・きちえもん（1944-2021年）歌舞伎役者。日本芸術院会員。重要無形文化財保持者（人間国宝）。

私モ東京デノ学生時代、三日ニ空ケズ歌舞伎座ニ通イ詰メタ位ノ芝居好キデゴザイマス。御祖父様ノ初代、御父様ノ初代白鸚様、二代吉右衛門様ヘト続ク、御見物ノ魂ニ響ク大歌舞伎ノ伝統ハ、正シク継承サレ、連日ノ其ノ命懸ケノ舞台ハ、満場ノ心チ捉ヘ、常ニ感動チ与ヘ続ケラレテイルトイウコトニ、私ハ、心カラ敬服シ、頭ノ下ガル思ヒガシテオリマス。

料理屋トシテ手前ドモノ役割ハ、千秋楽マデナントカ無事ニ舞台チ御ツトメニナラレルヨウ、少シデモ今日ノ舞台ノ疲レチ癒シテイタダキ、マタ明日ノ舞台ノ活力トナルヨウナ心安ラグ御料理チ御出シスルコトダト思ッテオリマス。役者ノ奥様トイフモノハ、料理屋ノ女将以上ニ仕事ガ多ク、奥様ノ其ノ献身振リニハイツモ感服致シテオリマス。奥様ニ其ノ日ノ御好ミチ御伺シテ、御献立チ決メルノガ、一番間違ヒガゴザイマセン。

鯛ノアラダキト鴨ロースハ、三代ニワタッテノ第一ノ御好ミデゴザイマシタ。寛次郎先生ノ珍シイ色替ワリノ瓜鉢ニ盛リワケマシタ。

河井寛次郎造
碧釉瓜鉢（奥）　緑釉瓜鉢（手前）

鯛のあらだき（写真手前）

＊作り方は196頁参照

鴨ロース浜作風（写真奥）

鴨ロースはよく熱したフライパンに皮目を押しつけて焦げ目をつけ、脂を水で洗う。厚さ7㎜にそぎ切りし、酒4、みりん1を煮立たせた中に一度くぐらせる。煮汁を半量まで煮詰めて濃口醤油を加え、鴨を戻して3分程煮て味を含ませ、再び取り出す。煮汁をさらに煮詰め、薄口醤油を加える。甘辛にお加減し、キャラメル状になる直前に鴨を戻してよく絡め、器に盛る。残った煮汁をかけ、レタス、湯むきしたトマト、皮をむいた生の独活を添える。

しび鮪お造り（写真右頁）

＊作り方は38頁参照

御贔屓献立帖（ごひいきこんだてちょう）

イサム・ノグチ造のお座敷の照明
八坂鳥居前旧本店一階座敷

古クハ祖父ノ代、李香蘭様ト初メテ御越シイタダイテカラ亡クナルマデ長ク御贔屓イタダキマシタ。

今カラ二十五、六年前、私ガカウンターニ立チ始メテ間モナクノ頃、先生ハヨク当代一ノ桜守トシテ有名ナ嵯峨ノ佐野藤右衛門様ト御一緒ニ御越シイタダキマシタ。ギコチナク包丁ヲ握ル私ノ手ヲ御覧ニナリ、

「君ハ不器用ソウナ良イ手ヲシテ居マスネ」

「オジイサン、オヤジサント同ジ手ヲシテ居マス」

「コレハ大変良イ事デス」

「手ヲ切ラナイヨウニネ」ト、海ノ者トモ山ノ者トモワカラナイ、マダ駆ケ出シノ若造ニ対シテ、極メテ丁重ニ優シクオッシャイマシタ。写真ノ和紙ノ照明（あかり）ハ先生ニデザインシテ造ッテ頂イタモノデスガ、先生ノオ人柄ノ様ニ、ヤサシク旧本店ノ御座敷ヲ永ラク照ラシテオリマシタ。

Isamu Noguchi（1904-1988年）
彫刻家、画家。アトリエを構えた香川県高松市牟礼町に、庭園美術館がある。

鮑の氷貝（写真奥）

鮑は生食用の黒鮑を用いると良い。表面を布巾かたわしでよくこすり、塩をつけて一度シャキッとさせる。殻から身をはずして縁側を除き、半分に縦割りにする。包丁を波打つように使ってへぎ切りし、氷に盛り付ける。肝は5分程茹でて裏ごし、氷に盛り付ける。二杯酢で溶き、おろし生姜を添える。

じゅんさい（写真手前）

じゅんさいはさっと湯通ししてボウルに取り、氷水にあてて冷やし、殺菌する。よく冷やしたものを盛り付け、土佐酢を注ぎ、山葵を添える。

エミール・ガレ造
風景画鉢（奥）
バカラ製馬上杯（手前）

129

蒸しもの

子供の頃、学校から帰るとおやつにさつま芋やとうもろこしが蒸してありました。どこのおうちでもお台所には、常に蒸し器が控えておりました。今でも料理屋は開店から閉店までずっと蒸し器から蒸気がたっていなければ仕事になりません。「蒸す」は「焼く」と同じく、最も単純で明快な料理法であります。

今日では蒸し器の役割を電子レンジが奪ってしまったような感がございますが、やはりその仕上がりには大きな違いが生じます。蒸すということは、もちろん温度を上げることによって素材に火を通すという目的もありますが、蒸気の圧力を加えることにより物を柔らかくしたり、又魚などはその生臭みをとばしてしまうなどの効果も併せもちます。例えば、茶碗蒸しなどは電子レンジでも作ることはできますが、後者の効果を得ることはできません。

蒸し加減というものは大変微妙なものでして、火加減やタイミングに細心の注意を払わなければなりません。蒸しすぎるとスが入ったり、型崩れしたりなど、明らかな失敗作を生むこととなります。生徒さんが「蒸す時に器に蓋をする時と、しない時があるのはなぜですか」とお聞きになる時があります。蒸し器の作用で熱だけが必要な時は、蒸気圧がかからないよう蓋をします。この蒸気圧は大変なもので、ご存じのように機関車をも動かします。玉子などにスが入るのは至極当然のことであります。逆に、蒸気の力によってものをふわっと柔らかくしたり、生臭みを残さないようにするには蓋を取る必要があります。

それぞれ蒸すには蒸す、焼くには焼く理由がございます。個々の料理法を丸暗記するのではなく、その根本の原理をご理解頂ければ、その時その時に適した料理法をおのずと見つけることができます。

一度、お芋を蒸すという簡単で単純な料理法を、真剣に試みて頂きたいと思います。火加減、蒸し時間、塩加減、この三つがピタッと合致した時、思わぬ美味が生まれます。これが料理の醍醐味でございます。

浜作

百合根饅頭

京菓子のように、上品で可愛い
正に京料理にしか出せない淡味骨頂であります。
例えばえんどう豆のペーストを程よく配すると、
白と緑のアクセントが楽しめる織部饅頭となります。
又、新挽き粉やもち粉をつけてカラッと揚げると香ばしさが加わり、
又、葛あんにそぼろ味噌を加えたり、と
色々アレンジをするとレパートリーが広がります。
あくまで料理の盛り付けはシンプルに、
京焼のはんなりとした器で華やかさを添えます。

〈材料〉

百合根……大1個（約200g）
白身魚のすり身……40g
卵白……1/2個分
具材
- 海老（塩茹で69頁「夏の焚き合わせ」参照）……4尾
- 焼き穴子（147頁「ざく三種」参照）……1/3尾
- どんこ椎茸（干し椎茸）べっこう煮（150頁「合まぜ」参照）……中2個

三度豆……4本
みりん、薄口醤油、塩、酒
銀あん［出汁、酒、みりん、薄口醤油、塩、出汁溶き葛粉（もしくは片栗粉）］
しぼり生姜、おろし生姜（もしくは柚子）

〈作り方〉

1 百合根は1弁ずつはがしてそうじし、水洗いする。ザルに入れて蒸気の上がった蒸し器で10分蒸す。冷ましてから裏ごす。「熱いうちに裏ごすと粘りが出てしまいます」。

2 当たり鉢にすり身と卵白を入れてすり混ぜ、更に百合根を加えて混ぜる。みりん大さじ1/2、薄口醤油小さじ1/2弱、塩小さじ1/5で下味をつけ、冷蔵庫で冷やす。「冷やすことにより味が馴染みます。又、成形もしやすくなります」。

叶 松谷造 黄地紅彩蓋物

3　具材の準備をする。焼き穴子とどんこ椎茸は一口大に切る。

「具材は何を入れても構いませんが、下味をつけておく必要があります。今回は海老の塩茹で、穴子のつけ焼き、どんこなど比較的百合根より味の濃いものを選びました。その方が百合根の味わいと対比が出て美味しく頂けます」。

4　海老と3の具を2で包み込むように丸めて器に入れ、蒸し器で12〜13分蒸す。

5　銀あんは出汁カップ2に酒小さじ4、みりん、薄口醤油各小さじ1で味をつけ、塩小さじ½弱で味を調える。沸騰させ、出汁溶き葛粉を混ぜながら徐々に加えてとろみをつける。三度豆は茹で（220頁参照）、適当な長さに切る。

「出汁溶き葛粉が濃すぎるとだまになるので、目安は溶けたアイスクリーム位の濃度です。加える時、出汁は必ず沸騰していないと濁ってしまうので注意して下さい。とろみがついてもしばらく火を消さずにしっかりと練り込むと、コシと艶が出てきます。銀あんとは、塩を主体として味付けし、色は透明に近くさっぱりと仕上げたあんです。べっこうあんとは、醤油を主体として味付けし、色はべっこう色、より濃厚な仕上がりのものになります」。

6　5に酒数滴としぼり生姜少々を加え、熱々の百合根饅頭にかける。三度豆を前寄りにあしらう。吸口はおろし生姜でもふり柚子でも良い。

茶碗蒸し

茶碗蒸しをお作りになったことのないおうちはないという位、
子供さんからお年寄りまで最も喜ばれるポピュラーなお料理です。
昔から食い倒れと呼ばれた食の都・大阪でも、
茶碗蒸しは京都の方が美味しいと言われてきました。
これは京都の方がより質素な食生活＝「シブチン」なので、
昔は高価であった卵の割合を少なくということによって
かえって滑らかで、スカッとした仕上がりになるということを、
大阪人が皮肉をこめて揶揄したということです。
しかし、卵の割合と味付けは千差万別。
基本的な料理方法を習得して、
硬さやお味はそれぞれのお好みでアレンジなさると良いでしょう。

〈材料〉

卵……2個（約カップ½）
出汁……カップ2（卵の量の4倍）
具材
百合根……½個
海老（塩茹で69頁「夏の焚き合わせ」参照）……4尾
焼き穴子（147頁「ざく三種」参照）……⅓尾
三つ葉……適量
柚子
薄口醤油、みりん、塩

〈作り方〉

1　卵地を作る。よく溶いた卵と出汁を合わせて漉す。薄口醤油小さじ2、みりん小さじ1、塩小さじ⅕で淡く味をつける。
「この卵と出汁の割合はかなり柔らかく、固めるには細心の注意が必要ですので3・5倍位が無難な量かもしれません。卵の濃度がありますので調味料を入れてから少し時間を置いた方が味が全体に馴染みます」。

叶 松谷造 仁清写菊絵蓋物

2 百合根は弁をばらして水洗いし、水からゆがいてザルに上げる。
「こういう場合の百合根が硬いと、折角の蒸しものが台なしになってしまいます。硬い百合根ほど嫌なものはありません」。

3 具材は蒸し茶碗に形よく盛り、卵地7割位を注いで蓋をする。かろうじて沸騰している状態の蒸し器に入れ、11～12分蒸す。蒸し器の蓋を少しあけるか蒸し蓋の蒸気穴を開栓しておく。
「密封すると内部の蒸気圧が上がって、柔らかく繊細な卵地はその影響を受け、スが入る恐れがあります。蓋物といっても蓋の形状により、お茶碗に笠のように覆いかぶさるような形状のものをかぶせ蓋、又、お茶碗の内側に落ちているものを内蓋と呼びます。基本的にお茶碗の中身に蒸気や水滴が直接当たらないよう、茶碗蒸しではこのかぶせ蓋を備えた蒸し茶碗の方が失敗がありません」。

4 三つ葉は葉を取って軸だけにし、2㎝位に切る。蒸し上がりに加えて蓋をすると色が出る。召し上がる前に柚子の香を添える。

蛤の酒蒸し

蛤は火が通りすぎるとカスカスになります。
殻が開いたタイミングを逃さず、すぐ火からおろすことが肝心です。
酒蒸し専用の平碗という珍しい器に
独活を添えて盛り付けました。

〈材料〉
蛤……8個
木の芽……8枚
より独活（221頁参照）……適量
酒、薄口醤油

〈作り方〉

1 蛤は殻が開きやすいよう、出刃包丁でちょうつがいに包丁を入れておく。
「蛤は蛤どうしを打ち当て、コンコンと金属音のような音がするものが良く、濁った音がするものは鮮度が良くありません」。

2 鍋に1の蛤を入れ、酒をひたひたに加えて中火にかける。沸騰する頃に殻が開くので、手早く引き上げ、ナイフで貝柱をこそげるようにして殻からはずす。
「大きいものは嚙みにくいので硬い部分に隠し包丁を入れておくと親切です」。

3 煮汁は蛤の塩分で充分に味がついているが、薄口醤油を数滴落としても良い。

4 器に盛り付け、木の芽とより独活を添える。
「大きいものはまだ完全に火が通っていない恐れがあるので残った煮汁を沸騰させ、ほんの一瞬くぐらせるようにして盛り付けます」。

叶 松谷造 黄彩平蓋物

御贔屓献立帖（ごひいきこんだてちょう）

河井寛次郎

かわい・かんじろう（1890-1966年）
陶芸家。人間国宝、文化勲章などを辞退。生涯一陶工を貫く。

河井寛次郎筆「心刀彫身」

早イモノデ父ガ亡クナリマシテ三十一年ガ経チマシタ。生前、寛次郎先生トノ素晴ラシイ思イ出ヲ、事アル毎ニ聞カセテクレマシタ。

先生ノ仕事ニ対スル
其ノ真剣、誠心誠意
其ノ慈悲深ク、優シイ御人柄
其ノ世俗ニトラハレナイ揺ギナイ信念。

今思ヘバ
父ノ言葉ハ先生ニ対スル心カラノ尊敬ト追慕ノ情ニ満チ溢レテ居リマシタ。
現在記念館トナッテ居リマス御宅ヘ、ヨク持ッテ上ガリマシタノガ、コノ茶碗蒸シデゴザイマス。先生ノ故郷ニ近イ、宍道湖ノ蛤ガ入ッタ時ナド、専用ノ辰砂ノ大食籠ニ、タップリトアツアツヲ出前致シマシタ。
大好物ヲ前ニ、スグサマ先生ハ御自ラ御家族ニ御取リ分ケナサイマシタ。

河井寛次郎造 辰砂食籠
黒田辰秋造 隅切四方盆

霞蒸し

蛤の身を殻からはずし、沸騰寸前の出汁にくぐらせて冷ます。食べやすい大きさに切って器に盛る。一番出汁と蛤を茹でた出汁を7対3で合わせ、薄口醤油、みりん、塩で味を調える。その出汁と卵を3・5対1で合わせて漉し、器に注ぎ、じっくりと蒸す。仕上げに火取りこのこ（ばちこ）をちらし、木の芽を添える。

河井寛次郎先生の器

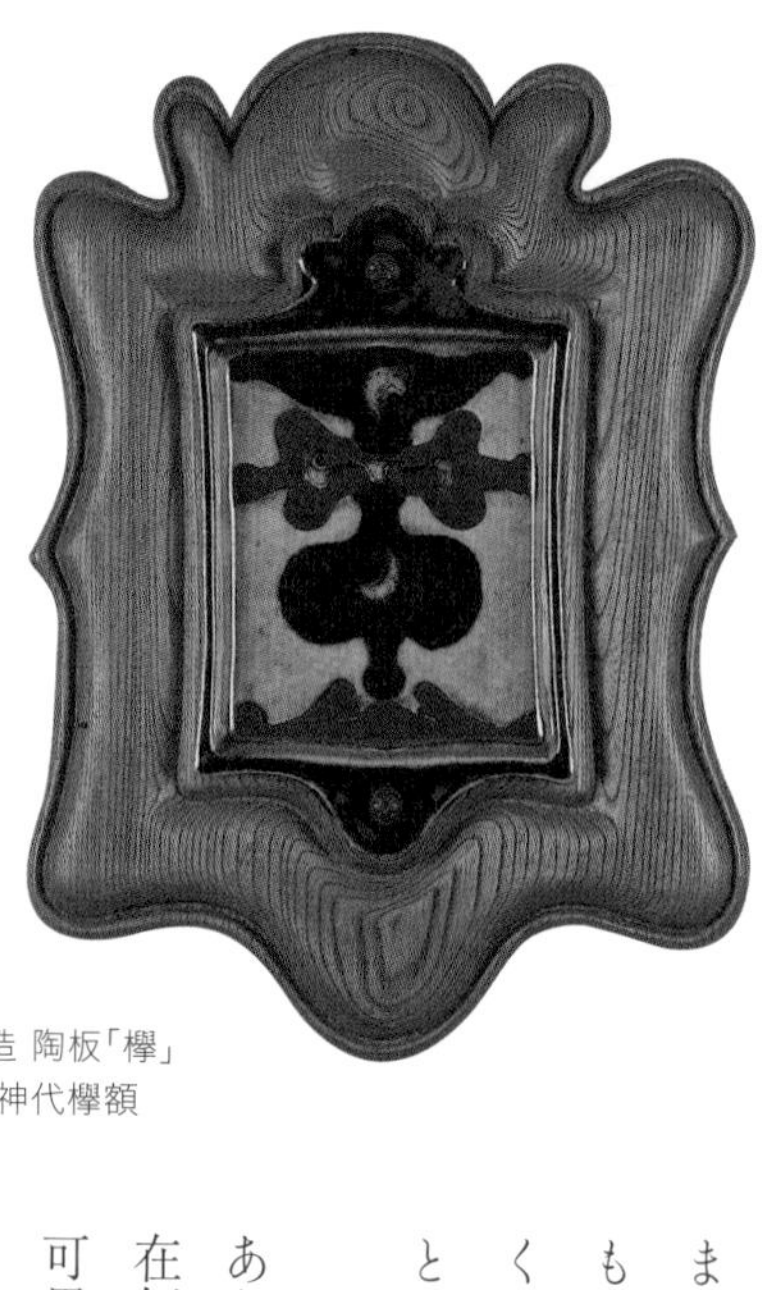

河井寛次郎造 陶板「欅」
黒田辰秋造 神代欅額

人にもその人の性別、年齢、趣味に合った衣服が必要であるのと同じく、料理にもその素材、料理法、季節、盛り付けなどなどに最も適した器をあてがうのが大切であり、その組み合わせが料理人のセンスの善し悪しを表すものでありましょう。

河井寛次郎先生は、祖父、父と戦前より最も浜作がお世話になった陶芸家でございます。大芸術家である先生の作品はこれまで数え切れない位紹介され、立派な写真集も多く残されております。今回この本を作るにあたり、あまりに先生の存在が大きく、まだまだ若輩の私の料理など、とてもその存在感に太刀打ちできるものでないことは、百も承知致しております。

しかし、幸か不幸か先生の器に御料理を盛り込んだ写真をほとんど目にしたことがありません。先生の理念である「用の美」、すなわち器は日常に使ってこそ本来の存在価値があるという民芸の哲学からすれば、今までそのことがなされなかったのが不可思議でなりません。

今回登場する器は、先生に直に頂戴したり、祖父や父がコツコツと集めたものでございます。無謀は承知で、先生の御胸を借りるつもりで盛り付けました。器と同じく、先生の広大無辺な寛容さで私のつたなさを包み込んで頂いているような、不思議な安心感を覚えた撮影でした。

奥より、草花面鉢、海参釉鉢、
鐘渓窯黄彩鉢、草花絞徳利、
草花絞湯呑、呉州杯

鉢もの

焚きものや焼きものがお洋服とすれば、鉢ものはブローチやネックレスのようなアクセサリーといった役割でありましょう。空腹を満たすだけがお料理の目的ではありません。お出掛けの時には洒落たアクセサリーが必要なように、鉢ものを加えることによって食卓に快いリズム感が生まれ、彩りと華やかさが備わります。

祇園町という花街のど真ん中に本店を構えていたおかげで「富美代」さんや「一力」さんなど名だたる赤前垂れ＝最高の格式のお茶屋さんへの御出前も担当させて頂きました。特に、二百有余年の暖簾を誇る富美代さんの女将さんには、いつも的確な御指導を頂きました。何ぶんにも、お客様は他所で御料理を召し上がっている訳でありますから、そのタイミングを計ることは容易ではございません。食べるのがお早い方もあれば、ゆっくりの方もおられます。初めの頃は、なかなかそれをくみ取れず、「お膳の上に何もあらしまへん」と御注意を受けたことも度々ございました。お料理が途切れてしまうと、いわゆる座持ちが悪いというか、何か隙間が空いたようになり、間が抜けてしまいます。一番これを避けなくてはなりません。隙間を埋めるように活躍するのが鉢ものであります。

焚きものや焼きものは、仕上がるまでの時間をいかに頑張っても短縮することはできません。しかし、和えものや酢のものなどは、段取りさえしておけばタイミングに合わせて素早くお出しすることができます。

祖父は、とり肴や酒肴を彩りよく華やかに盛り合わせた前菜、いわゆる八寸をお出しすることを極力嫌がりました。同じお茶屋さんで出前が重なると、尊敬する大先輩である「川上」さんや「菱岩」さんのお料理を間近に拝見する機会を得ました。センス良く盛り付けられたその素晴らしい八寸はお膳映りも良く、手前どもの鉢ものはどうしても見劣りがしてしまいます。以前はそれに憧れ、見習おうと努力した時期もございました。そ

浜作は当代の祖父・栄が昭和2（1927）年9月1日、祇園・富永町に開店したのが始まり。

の時、富美代の女将さんが「浜作さんは浜作さんやから、よそさんの真似をしたらあきまへん。各々の個性があってそれぞれの御贔屓ができるのやさかい、小鉢は小鉢で出さはったらよろしおす」とおっしゃった御助言が忘れられません。誠にその通り、目が覚めた思いが致しました。数々のＶＩＰをおもてなしなさってきたからこその重みがございます。

視覚で季節感やテーマを表現することのできる八寸に比べ、鉢ものはその素材と味付けと器だけで、一話完結の短編小説のように簡潔に表現せねばなりません。

東洋では、陰陽の思想が重きをなしてきました。ものには「太陽と月」、「海と山」、「男性と女性」などというようなプラスとマイナスがあり、より良く相手を活かす効果を相乗といい、お互いに相手の良さを消す悪い相性を相克といいます。日本料理においてもこの哲学は充分に通じるところがあります。

焚きものの出会いものはその最たるものですが、この鉢ものにおいてもこの点に留意しなければなりません。すなわち対照的な二つの素材（柔と剛、濃と淡など＝アンバランス）を和え衣やお酢の力を借りて調和のとれた一つのものとする、このことがすなわち「和える」ということであります。これにより、より複雑な味わいや歯触りの変化を生むことが可能となります。

いろいろな鉢もののお味付けを繰り返し練習なさることが、必ず他のお料理の上達にも役立つことと思っております。

菜花の辛子和え（写真上）

春の到来を告げる菜花は、非常に収穫期間が短く、
まさしく旬でなければ味わえないお野菜です。
太閤秀吉が菜種油を作る為に伏見に持ち込んだのが由来で、
その伏見で菜花作り一筋に精魂をかたむけておられる
石津さんという方が生産される菜花は、本当に味わい深く、
毎年二月を過ぎると、
私はこの菜花の入荷を心待ちにしており、
あくまで本来の菜花の味をストレートに味わうに限ります。

〈材料〉

菜花……20弁
練り辛子……適量
出汁、薄口醤油、塩
独活……適量
甘酢（220頁参照）……適量

〈作り方〉

1 菜花はよく水洗いをし、熱湯に塩ひとつまみを入れた中で30秒程茹でる。
「冷水に落とすと色は鮮やかになりますが、折角の持ち味は流れてしまいます。本当の上質の菜花は少し長めに茹で、あおぐように冷まし、お塩だけで召し上がっても美味しく頂けます」。

2 今回は一度さらし、冷やした出汁カップ1に薄口醤油小さじ2を加えた地に浸け込む。召し上がる前に練り辛子と、薄口醤油小さじ1を加えて軽く和える。
「昔からこの菜花の持ち味には辛子を使います。辛子のピリッとした刺激が、菜花の味とぴたっと合致します。これも先人の知恵であります」。

3 独活は丸むきにして酢水で茹で、甘酢に漬け込んで乱切りし、菜花に添える。
「緑色だけでは色合いが単調ですので、酢独活を添えました」。

筍の木の芽和え（写真下）

春の到来を告げる木の芽の色と香り、
筍の風味と歯ごたえ、
濃厚なお味噌の奥深いコク、
まさに三位一体の最高の取り合わせです。

〈材料〉

筍（湯がく82頁参照）
……小1本（約200g）
烏賊……筍の1/3量
白の焚き味噌……大さじ3強
木の芽
……軽くひとつかみ（3〜5g）
青寄せ（220頁参照）
……5g

〈作り方〉

1 木の芽を当たり鉢で当たり、青寄せを加えてさらにすり混ぜ、まだらにならないよう焚き味噌を少しずつ加えてすり混ぜる。
「木の芽はすりつぶすので、不揃いのもので結構です」。

2 筍は硬ければ隠し包丁を入れ、適当な大きさに切る。烏賊は筍と大きさを合わせて切る。
「筍は先の方が柔らかいので、比較的先の方を用いると良いでしょう」。

3 ボウルに筍と烏賊を入れて混ぜ、木の芽味噌を加えてよく和える。
「木の芽は香りが失われやすいので、直前に作ることがなにより肝心です」。

河井寛次郎造 鐘渓窯黄彩鉢

河井寛次郎造 小香合

ざく三種

鱧と胡瓜、穴子と白瓜、鰻と長瓜の酢のもの

この「ざく」という名称は、
瓜類をできる限り細かく刻み、
それを何枚か合わせて噛んだ時に生じる
「ザクザク」とした食感からとった
擬態語であります。
ゆえに可能な限り薄く刻み、
それを表現しなければなりません。

③

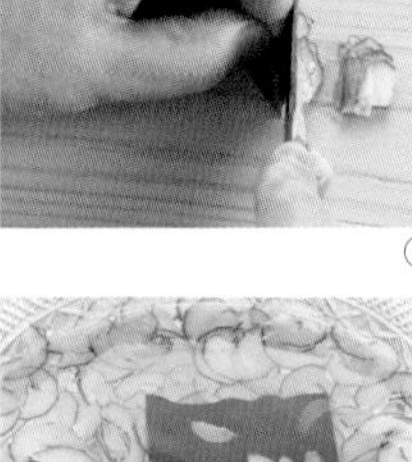

①

④

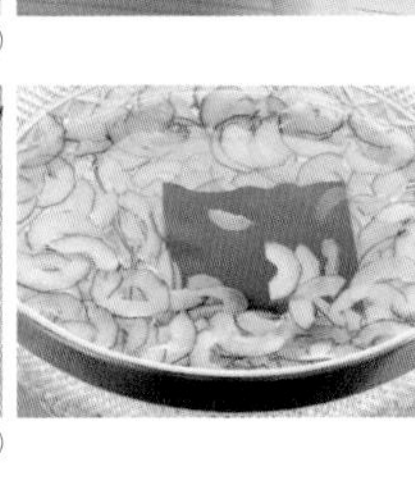

②

鱧と胡瓜（写真手前）

〈材料〉

鱧……½尾（約250g）　胡瓜……2本
昆布……5cm角1枚
塩、土佐酢（221頁参照）、おろし生姜、かけ醤油（98頁「ぶりの照り焼き」参照）……各適量
茗荷甘酢漬（93頁「鯵の塩焼き」参照）……適量

〈作り方〉

1 胡瓜は塩でよくもみ、表面の汚れや粒つぶを取り除く。硬い濃い緑色部分の皮3cm位をむき取り、上下のへタを落として縦半分に切る。スプーンで種を軽くこそげ取り、斜め薄切りにする（写真①）。
「胡瓜はまな板に対して斜めに置き、包丁をまっすぐ構えて切るのがコツです」。

2 強めの塩水に昆布を入れた中に30〜40分漬け（写真②）、さらし布を用いて完全に水気を絞る（写真③）。
「強く絞りすぎると胡瓜の形が崩れてしまうように感じますが、決してそういうことはありません。力一杯最後の一滴まで絞るようにします。これは食感を出す為と、漬け込む塩水の塩気が強いので完全に取り除かなくては塩辛くなる為です」。

3 ボウルに移し、土佐酢をヒタヒタに入れて馴染ませ、一度酢を捨てて軽く絞る。新しい土佐酢とおろし生姜を加える。1〜2分そのまま置き、軽く酢をきって器に山高に盛り付ける。
「青臭さが消えます」。

4 鱧は骨切りして串を打ち（写真④）、皮目から焼く。焦げ目がついたら裏返し、身にも焦げ目をつける。身から脂がにじみ出てきたらかけ醤油をかけてあぶる。これをもう一度繰り返す。
「皮目7分、身3分といった具合で焼くと良いでしょう」。

5 鱧は食べやすい大きさに切り、胡瓜と盛り合わせる。両方に土佐酢をかけ、茗荷を千切りしたものを添える。

穴子と白瓜（写真中）

〈材料〉

穴子……1尾　白瓜……2本
昆布……5cm角1枚
塩、土佐酢（221頁参照）、おろし生姜……各適量
一杯醤油（酒1：薄口醤油1を合わせたもの）……適量

〈作り方〉

1 白瓜は塩でよくもんで水で洗い、上下を落とす。両側から丸抜きを差し込んで貫通させ、穴をあける（写真①）。箸を差し込み、包丁で螺旋を描くように回転させながら箸に達するまで5mm間隔で切り目を入れる（写真②）。
「始めの包丁は45度の角度で切り目を入れ、その角度と5mm間隔を維持しながら

叶 松谷造 瓜型輪花金襴鉢絵替

グルグルと巻き込む感じで切り目を入れていきます。アコーディオンの蛇腹状になり、綺麗な渦巻きとなります」。

2 海水より少し濃い位の塩水に昆布を入れた中に30～40分漬け、水気をきって長めの串に蛇腹状に広げ、2～3時間陰干しする。「雷干しの名前の由来の通り、乾燥するとカリカリという音が雷を連想させ、又、夏の夕方、昼下がりに陰干しをして夕立までに仕上げるという説もあります」。

3 2は1～2cmに切って土佐酢に5～6分浸け、水気をきって器に盛り付ける。

4 穴子は水洗いして腹開きにし、串を打って皮目から焼き、焦げ目がついたら裏返して身も焼く。一杯醤油でつけ焼きする。「一杯醤油は乾けばまたつけるという具合に3回塗りつけます。ご家庭では焼き網で白焼きまでし、タレをかけてからはトースターで仕上げると良いでしょう。白焼きの状態では焦げる心配は少ないですが、タレを塗るとガス火では上手く焼き目がつかず、すぐに焦げてしまうので、トースターの方が上手く焼けます」。

5 4を食べやすい大きさに切り、白瓜と共に盛る。天盛りにおろし生姜をのせる。

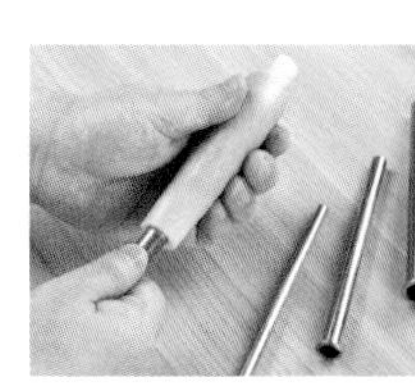
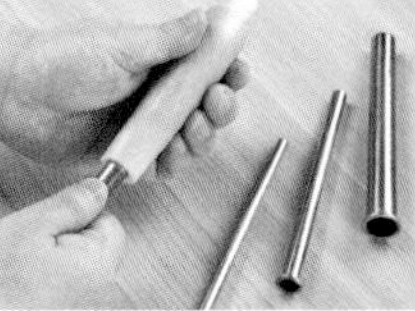

①

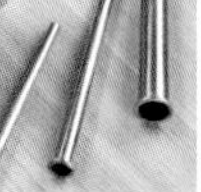

②

〈鰻と長瓜〉（写真奥）

〈材料〉

鰻蒲焼……1尾　長瓜……½本

昆布……5cm角1枚

塩、土佐酢（221頁参照）、一杯醤油（酒1：薄口醤油1を合わせたもの）……各適量

寿司生姜（221頁参照）……適量

〈作り方〉

1 長瓜は下処理し（「鱧と胡瓜のざく」の胡瓜と同様）、器に盛り付ける。

2 鰻は弱火にかけたフライパンに皮目を下にして入れ、じっくり焼く。皮目から油が出てパチパチ音がしたら、弱火にして身の方に油がまわるまで更にじっくり焼く。「このようにじっくり時間をかけて焼くと皮はパリッと身は柔らかくなります」。

3 仕上げに一杯醤油を刷毛で塗る。「市販の蒲焼のタレは甘口な場合が多いので一杯醤油を塗ると味が締まります」。

4 3は形良く切り、瓜を台に重ね盛りする。天盛りに寿司生姜の千切りをのせる。

蟹と菊菜の酢のもの

蟹は甲羅のままお出しすると
大変豪華な一品となりますが、
身をほぐすのが面倒で、手も汚れます。
あらかじめ召し上がりやすいようにほぐし、
相性の良い菊菜と合わせてみました。

〈材料〉
渡り蟹……1/2杯
菊菜……1把　菊花……適量
土佐酢（221頁参照）、おろし生姜、
　柑橘……各適量
塩、出汁、薄口醤油

〈作り方〉
1　菊菜は硬い部分を取り除き、熱湯に塩ひとつまみ入れた中で20秒程茹でて冷水に落とし、アクを取る。冷やした出汁に薄口醤油少々を加えた漬け地に浸けておく。
2　蟹はたわしでよく洗い、甲羅を裏向けて底部に塩ひとつまみを押し込み、蒸気の上がった蒸し器で40分程蒸す。
「この時必ず、赤い甲羅部分を受け皿代わりに下にして蒸さないと、折角の蒸し汁が流れ出てしまいます」。
3　冷ましてから胴から足をはずし、足は出刃包丁で半分に割り裂き、胴は甲羅をはずすように包丁で半分に裂き目を入れて身をほぐす。
「蟹は充分に冷めていないと水分が蒸発してカスカスの仕上がりになってしまいます。また、ほぐす時に殻が残っていないか確かめて下さい」。
4　ボウルに蟹を入れ、土佐酢少々をふりかけ、さっと洗うようにして酢を捨てる。もう一度土佐酢とおろし生姜を加えて味を馴染ませる。菊菜と菊花を加え、さっと和え、杉盛りする。残った酢に柑橘のしぼり汁を加えてかける。
「菊菜は酢に反応して変色するので、召し上がる直前に合わせること。又、蟹と菊菜を合わせて時間が経つとお互いの持ち味のコントラストがなくなり、折角の切れ味がなくなってしまうので、手早く合わせてさっとお出しすることが重要です」。

永楽即全造 雪笹小鉢

萩片口鉢

白和え

お豆腐を衣にする和えものを総称して白和えといいます。
合わせる材料に規定はなく、味の濃淡に考慮し、
季節のものを取り合わせて下さい。
今回は秋の実りを合わせてみました。

①

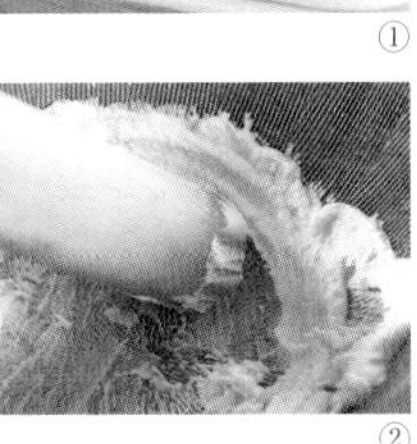
②

〈材料〉

木綿豆腐……½丁(約200g)
柿……1個　銀杏……8個
大徳寺麩(揚げ麩)……1個
焼穴子……½尾　菊菜……½把
砂糖、塩、薄口醤油

〈作り方〉

1 柿は皮をむいて種を取り、サイコロより少し小さめに切り、薄い塩水に浸ける。「あまり浸けすぎるとせっかくの糖が流れ出てしまいますので、料理直前に処理して下さい」。

2 銀杏は殻を割ってむき、茹でて冷水にとって薄皮をむき、半分に切る。

3 揚げ麩は柿より少し小さめに切り、ザルに移して熱湯をかけて油抜きし、冷ます。

4 焼穴子は1㎝角に切る。

5 菊菜は硬い部分を取り除き、熱湯に塩ひとつまみを入れて茹でる。冷水にとり、アクを抜いてから水気をしっかりきり、長さ1㎝に切る。

6 豆腐はさらしで包んで2枚のまな板ではさみ、上から重しをのせて2時間程水きりする(写真①)。「水気をきりすぎると仕上げがパサパサになるので、2割くらいは水気を残しておくといった感じです」。

7 仕上げを滑らかにしたい場合は6を裏ごし、又素朴な味わいを楽しむ時はそのまま当たり鉢に移し、よく当たる(写真②)。砂糖小さじ1、塩小さじ⅕を加え、取り出す。

8 1～5の具材を当たり鉢に入れてよく混ぜ合わせ、薄口醤油小さじ½強を加えて味を馴染ませる。少しずつ衣を加え、それと併行して砂糖、塩各少々を少しずつ加えて味を調える。
「先に具材だけを合わせ、薄口醤油で味を調え、後に少しずつ衣を加えることにより、味に飽きのこない奥行が生まれます。最後に粉山椒や柚子の皮をふり入れても良いでしょう。また、召し上がる前にカボスや酢橘を数滴ふりかけるとさっぱりした仕上がりとなります。砂糖はあまり入れすぎず、あくまで淡い味付けを保って下さい」。

合まぜ

合まぜは夏の京都を代表する和えものです。
夏の和えものの素材の代表は胡瓜であります。
料理それぞれに合わせて胡瓜の切り方を工夫すると
全く違う食感になり、バリエーションが広がります。
この料理は当たり胡麻を使った濃厚な味わいですので、
胡瓜は薄切りというよりは、
しっかりとした存在でなくては埋没してしまいます。

〈材料〉

胡瓜……1½〜2本（200g）
どんこ椎茸（干し椎茸）べっこう煮
……中2枚（80g）
塩くらげ……100g
鶏ささみ……1本（50g）
煎り胡麻……50g
昆布……5cm角1枚
塩、酒、砂糖、酢、薄口醤油、出汁、
甘酢（220頁参照）
どんこ椎茸べっこう煮の調味料
［戻し汁5：酒4：みりん1：ザラメ
1：たまり醤油1〜1・5の割合］

〈作り方〉

1 胡瓜は塩でこすって水洗いし、上下のヘタを落とし、皮の硬い緑色の濃い部分をむき取る。縦半分に切ってスプーンで種を取り、3枚にへいで重ね、3mm幅に斜め切りする。
「胡瓜をまな板に対して斜めに置くことが大事です」。

2 流水に5分程さらしてアクを抜く。海水より少し濃いめの塩水に昆布を入れた中に30〜40分程漬け込み、さらしで巾着絞りする。
「渾身の力を込めて最後の一滴まで絞りきって下さい」。

3 どんこ椎茸はひたひたの水に3時間程浸けて戻す。鍋に椎茸を入れ、戻し汁、酒、みりんをかぶる位加え、ことこと煮る。20分程で煮汁が4割程蒸発する。椎茸が柔らかくなっていればザラメを加えて更に煮る。たまり醤油を加え、煮汁がなくなるまで煮詰める。
「この椎茸のように美しい漆黒の仕上がりを求めるものは濃口醤油だけで味を付けてしまうと佃煮のような辛い仕上がりになってしまいます。そこでたまり醤油のように色と風味は濃厚ですが、あまり辛みをもたないものを主として色の深みを出し、最後の味を濃口醤油で付けるといったお加減にします」。

4 椎茸が分厚い場合は、薄くへいで胡瓜と同じ位の大きさに刻む。
「この時ぎゅっと絞らないと後で煮汁が出てきて、和えた時に汚くなります」。

5 くらげは水で戻して長さ2cmに細く刻み、甘酢に5分程漬ける。

6 鶏のささみは薄く塩をして酒少々をふりかけ、強火にかけた蒸し器で10分程蒸す。冷まして繊維に沿って細かくほぐす。

永楽即全造 緑交趾桔梗鉢

7

当たり鉢に胡麻を入れてよく当たり、砂糖、酢各大さじ½、薄口醤油小さじ½弱、冷やした出汁小さじ4を順に加えて更によく当たる。一旦衣を取り出し、その当たり鉢に具材を全て入れ、よく混ぜる。周りに残っている衣を吸い取る感じでよく混ぜ合わせ、酢、薄口醤油各少々を入れて更によく混ぜる。相互の旨味が出ていることを確かめ、取り出しておいた衣を徐々に合わせていく。

「初めに衣を入れてから混ぜ合わすと本来の素材自体を押さえつけ、覆い隠すような味付けとなってしまいます。そこでまず素材だけを混ぜ込み、薄く味を付け、そこに胡麻の風味を少しずつのせていくという方法を考えました。最後の仕上げで薄口醤油を、甘口をお好みの方は砂糖を、又、キレを出すためには生酢を、といった具合に自在に調整して頂ければ結構です」。

焼茄子、新生姜、ずいきの胡麻和え

夏はどうしても食欲が落ちるものであります。
味や香りだけでなく、舌ざわりや、食感温度も
「美味しいお料理」を構成する重要な役目を果たします。
「涼」を念頭に、器も中身もよく冷やして盛り付けると
夏らしい和えものの一品となります。

〈材料〉

茄子……2本
新生姜……1片
ずいき……1～2本
煎り胡麻……20g　絹さや……8枚
出汁、薄口醤油、酢、塩
甘酢（220頁参照）

〈作り方〉

1　茄子は皮目に7㎜間隔で切り目を入れ、強火で真っ黒になるまで焼く。
「焼きすぎと思われる位、皮が黒焦げになった状態までよく焼きます」。

2　氷水に表面だけを浸け、皮をきれいにむく。流水で洗い、冷やした出汁に薄口醤油少々を加えた地に浸ける。
「皮目に切り目が入っているので、横に広がらず、縦の繊維に沿ってむくことができます。むいた皮が残っている氷水に長時間浸けておくと焦げ臭さが取れなくなります」。

3　ずいきは薄皮を繊維に沿ってむき、縦1㎝幅に切り、長さ15㎝に切りそろえる。沸騰した湯に

藤田喬平造 手吹鉢、手吹皿

4
生酢を少し加え、2〜3分茹でる。流水に落としてアクを取り、茄子と同じ地に浸けておく。新生姜は皮をスプーンでこそげ落としてよく水洗いし、できる限り薄くへぐ。熱湯で40秒程茹でてザルに上げ、ふり塩をして団扇でよく冷ます。完全に冷めたら甘酢に漬け込む。
「塩水で茹でると生姜の刺激、アク、強さがあまり抜けないので真水で茹で、それを取り除いた後ふり塩をすることで塩分を加えます」。

5
茄子、ずいきは食べやすい大きさに切り、新生姜は千切りする。フライパンを中火弱で熱し、胡麻を煎る。
「火が強すぎると焦げ目がつきすぎて苦みが残るので、細心の注意を払って下さい。パシパシという音と共に湿気が抜けて胡麻が軽やかになってくる頃が目安です」。

6
当たり鉢に煎り胡麻を入れ、形がなくなるまで当たり、出汁小さじ2を加える。よく汁気をきった具材を加え、薄口醤油小さじ½強で味を調える。
「お好みで砂糖を加えると美味しくはなりますが、夏向けには薄口醤油だけでさっぱりと仕上げたいものです。お好みで柚子の香や海苔、粉山椒を加えても一興です。彩に青みのゆがいた絹さやを添えました。三度豆や枝豆等の緑の夏の豆でも結構です」。

水菜、焼貝柱、焼椎茸の酢橘和え（写真手前）

昔から水菜は京都人が大好きで、こういうお浸しにも、
又さっとお揚げと煮たり、鍋ものの青みとなったり、
色々使い勝手の良い菜っ葉です。
関西では簡単に入手できますが、土地土地の青菜でも代用することができます。
大阪ではこの水菜の軸のシャキシャキ感と
くじらの脂身（ころ）を鍋仕立てにしたハリハリ鍋が有名です。

〈材料〉

水菜……1把
貝柱、椎茸……各2個
酢橘、柚子
塩、出汁、薄口醤油

〈作り方〉

1 熱湯に塩ひとつまみを加えて水菜を30秒ほど茹で、冷水に落とす。水気を絞り、冷やした出汁カップ2に薄口醤油小さじ2を加えた地に浸けておく。
「茹ですぎると水菜独特の歯ごたえがなくなります」。

2 貝柱はふり塩をして、10分程置く。オーブントースターにホイルを敷き、表面に焦げ目がつくまで焼いて冷ます。
「貝柱は非常に水分を多く含んでいるので、塩をすると水分がしみ出てきます。下にペーパータオルを敷いておくと良いでしょう」。

3 椎茸は海水位の塩水に20分浸し、水気をきってオーブントースターで5～6分焼いて冷まし、棒状に切る。

4 1の水菜は水気をきって長さ2・5cmに切る。貝柱は繊維に沿って細かくほぐす。ボウルに具材だけを合わせ、箸で間に空気を入れるように混ぜる。
「水菜などは水気を絞る時にどうしても

叶 松谷造 色絵獅子丸手付鉢（手前） 龍紋手付鉢（奥）

5〜6本単位でくっついてしまうので、1本1本を離すことに配慮して混ぜ合わせなければ各々の個性が強くなり、異体を合わせるという妙味が出ません」。

5 4に薄口醤油大さじ½、出汁大さじ2、酢橘のしぼり汁、ふり柚子各適量を加え、軽く合わせる。
「柑橘のしぼり汁を加えることで貝柱などの魚介類を合わせても、後味に生臭みが残らず、すっきりとした味になります。レモンやかぼすでも代用できます。貝柱以外は茹でた海老や烏賊を焼いたものをほぐしても、鶏ささみを蒸してほぐしたものでも代用できます」。

法蓮草と菊花の黒鉄和え（写真奥）

ほうれん草は根っこの部分にタップリ栄養があります。ですから、根っこを切り落とさず、塩でもむようにして汚れを落とし、しっかりと水洗いをして使うと良いでしょう。水菜の和えもののようなシャキシャキ感を残すのではなく、あえて繊維を半分位潰す感じで混ぜ合わせること。

〈材料〉

ほうれん草……2把　菊花……適量
黒胡麻……大さじ3（約20g）
塩、出汁、薄口醤油、砂糖

〈作り方〉

1 ほうれん草は根っこの部分のみを切り分け、熱湯に塩ひとつまみ入れた中に入れ、1〜2分茹でる。柔らかくなったら葉を入れ、更に30秒位で引き上げ、流水にさらす。
「根っこの部分を先に入れることにより、茹でる時間差をつけて調整すると葉を茹ですぎることがありません」。

2 水気をきり、冷やした出汁カップ1に薄口醤油小さじ1を加えた地に浸けておく。

3 菊花は熱湯に花びらだけをふり入れるようにして20秒程さっと茹で、流水に落とす。
「鍋より小さいザルごと花びらを茹でると扱いやすいです」。

4 当たり鉢に煎った黒胡麻を入れてよく当たる。ほうれん草の根っこをみじん切りにして加え、ペースト状になるまでよく当たる。薄口醤油小さじ½強と出汁小さじ2を加える。1cm幅に切って水気を絞ったほうれん草の葉と菊花も加え、すりこぎで押しつぶす加減で混ぜ合わせ、全体に粘りが出たらヘラに替え、よく馴染むように混ぜ合わせる。砂糖、薄口醤油各小さじ⅕で味を調える。仕上げに粉山椒を入れても良い。湯通しした菊花を天盛りする。
「ごく微量の砂糖を誘い水として加えることにより、ほうれん草の甘みと菊花の香りが驚くほど出てきます。菊菜で代用なさっても結構です」。

小松菜とあさりの温製煮びたし

このお料理は炒り煮と言い、手早く仕上げることが肝心です。
油炒めをして早煮にすることにより
菜っ葉の歯応えを残しながらも
しっかりと味を付けることができます。
あさりに火が通りすぎると
硬くなるので最後に絡めて下さい。

叶 松谷造 豆蓋物二種、志野小吸物

〈材料〉

小松菜……2把
あさり……小20個
酒、みりん、薄口醤油、塩、七味唐辛子
サラダ油

〈作り方〉

1 小松菜は根を落として2・5㎝位に切る。あさりは海水位の塩水に1時間程浸けて砂出しし、殻をよく洗う。

2 鍋にあさり、水カップ½、酒カップ¼位を入れて強火にかける。殻が開いたらすぐにあさりを取り出し、身をはずす。残った煮汁は漉す。

3 鍋にサラダ油少量を中火で熱し、小松菜を加えてかき混ぜながら炒める。小松菜に艶が出てきたら2の煮汁を加え、みりん、薄口醤油各小さじ1、塩小さじ⅕で味を調える。最後にあさりを加えて炒り合わせる。器に盛り付け、七味唐辛子をかける。

「熱々をお出しするお料理は、冷めない為にも、又中身の期待感を抱かせる為にも蓋物を用いた方が効果的です」。

衣あれこれ

辛子酢味噌

白の焚き味噌に酢を徐々に足し、練り辛子を適量加える。甘味が勝たないように酢はしっかりと加える。又、辛子を利かせるとパンチの効いた味になる。

葱や貝類との相性が良い。

白和え衣

豆腐は水きりし、裏ごし、または、当たり鉢で当たり、砂糖、塩各少々を加える（１４９頁参照）。

春には山菜類やこんにゃく、夏には酢を加えて「白酢和え」にし、葡萄などの果物を和えてもさっぱりと仕上がる。秋は１４９頁参照。冬は少量の白味噌や練り胡麻を加えると、味に奥行が生まれる。

雲丹衣

練り雲丹を卵黄でのばす。卵黄を加えることにより、雲丹の塩辛さと角が取れ、まろやかになる。濃厚な味をもつので、葉物には向かない。味のしみ込みにくい烏賊や貝類、きのこ類を合わせると酒の肴に最適となる。

胡麻衣

当たり鉢に胡麻を入れてよく当たり、砂糖、酢各少々を加えてよく混ぜる（１５１頁参照）。

春の山菜や、三度豆や絹さやなどの豆類、牛蒡など、野菜によく合う。生ものとは相性があまり良くない。

赤味噌と一味唐辛子を加えると「鉄火胡麻」となり、百合根や独活など味ののりにくいものにも合う。又、野菜スティックのディップとしても重宝する。

霙衣

大根おろしに土佐酢や二杯酢、もみ海苔を加えたもの。貝類やナマコ等の味のしみにくいものに絡みが良くなる。又、生臭みや脂っぽさを抑え、さっぱりとした仕上がりとなる。

揚げた白魚やアマゴと芹、焼穴子と若布、鮑の千切りと独活などと合わせると良い。

胡麻とうふ

葛の持ち味は練り込むことによって生まれる、
独特の硬すぎないもちもち感です。
普通の分量よりは水気を多くし、
より練り込むことによってその持ち味が生まれます。

河井寛次郎造 草絵小皿

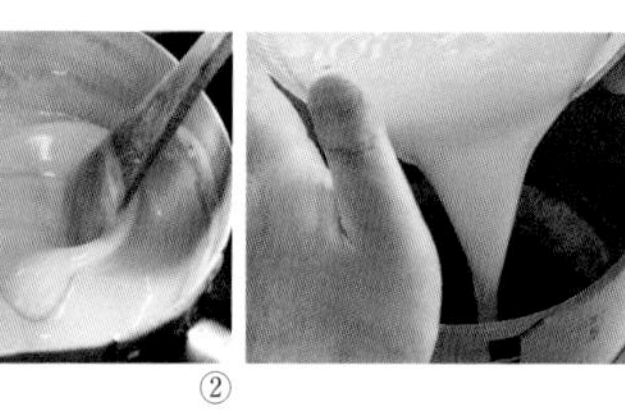

①

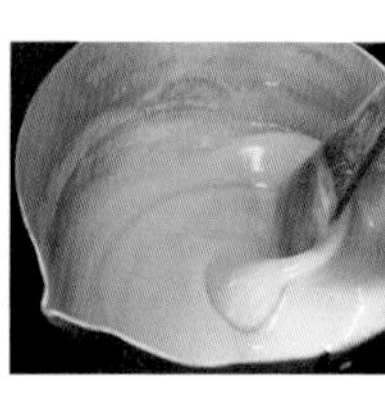

②

③

〈材料〉16×21cmの流し缶1缶分

胡麻とうふ生地
- 吉野葛……100g
- 当たり胡麻……50g
- 出汁、水……各カップ2½ 酒……大さじ1

美味出汁（221頁参照）……適量
山葵もしくはおろし生姜

〈作り方〉

1 当たり鉢に吉野葛、当たり胡麻を入れ、出汁、水を合わせたものを少しずつ加えてよくすり混ぜ、水嚢で3回程漉す（写真①）。
「1回漉した位では葛の粒子が残っている恐れがあるので2回3回とくり返し漉します。物は一度離されればもう一度くっつこうとする性質があるのでコシが生まれます」。

2 鍋に移して中火にかける。底面が平たいへらなどで底からすり上げるようによく攪拌する。温度が80度に近づくと突然固まってくるので、速度を上げて鍋の底が焦げないようによく注意して練り始める。火を少し弱め、グツグツした状態を維持しながら10分以上練る（写真②）。
「時間が経てば経つほど焦げやすくなるので、火加減と攪拌速度に工夫をしましょう」。

3 へらを持ち上げてもすぐ落ちない状態になったら、酒を加えて練り上げ、水に通した流し缶に一気に流し込む。氷水で一気に冷やす（写真③）。
「容器に割り箸を2つ置き、底からも放熱できる状態を作ると早く冷えます」。

4 流し缶にラップを敷いたまな板を蓋のようにのせ、ひっくり返してとうふをまな板に移し、食べやすい大きさに切り分ける。器に盛り、美味

新緑とうふ

新緑をイメージしたお料理ですので、くれぐれも緑の色を綺麗に、最後の最後にうすいペーストを加え、一気に粗熱を取って冷やす必要があります。

〈材料〉16×21㎝の流し缶1缶分

うすいえんどう豆……500g
（下処理しておく174頁参照）

葛とうふ生地
- 吉野葛……100g
- 出汁、水……各カップ2½
- 酒……大さじ1

美味出汁（221頁参照）……適量

山葵もしくはおろし生姜

塩

〈作り方〉

1 沸騰した1ℓのお湯に対し、30gの塩を加え、えんどう豆を入れる。2分程ぐらぐらさせ、鮮やかな緑色の状態で氷水に浸ける。温度差によってより緑色が際立つ。
「この時同じく温度差によって豆の表面にしわが生じます。故に豆本来を味わう焚き合わせにはこの方法は不向きです」。

2 充分に冷やし、フードプロセッサーにかけ粉砕する。更に裏ごしてペースト状にする。

3 胡麻とうふと同じ要領でとうふ生地を作り（酒を加えるところまで）、2のペーストを加え、泡立て器でむらのないように全体に緑色を行きわたらせる。水に通した流し缶に一気に流し込む。
「ペーストを加えてから流し缶で冷やすまでの間は一気に運ばなければ、表面が綺麗なおとうふはできません」。

4 胡麻とうふと同じ要領で仕上げる。出汁を注ぐ。山葵、もしくはおろし生姜を添える。
「充分に冷えていないと包丁がしにくくなります。平たいバットに薄く流して一気に容器ごと氷水に浸け、瞬間的に固め、幅2㎝位に切ります。お鉢に氷水を用意して葛きりのように盛り付け、別のお猪口につゆを用意して山葵もしくは生姜の薬味を添えて頂いても良いでしょう」。

河井寛次郎造 草絵鉢

汁もの

やはり味付けに最も神経を使うのはお汁ものでございます。その元となる出汁については別章で詳しく述べましたが、その大切な出汁を活かすも殺すも、微妙な匙加減ひとつでございます。

まず出汁を温めて酒を少量加え、次に薄口醤油をシャンパンゴールド色をイメージして加えます。お味見し、足りない部分を塩で補います。これが吸地の基本的なスタンスです。薄口醤油で最後まで味付けしてしまうとひと口目は美味しいと思いますが、切れ味が悪くなります。かといって塩味が勝ってはいけません。

という大まかなルールはございますが、季節により夏は塩を利かせて薄口醤油を控えてさっぱりと仕上げ、寒くなるにつれ薄口醤油の割合を増す、等の季節による好みの変化にも対応すべく考慮せねばなりません。

たいがいの生徒さんの味付けは薄くなりがちです。目標を一〇〇とすれば、辛くなることを恐れるあまり、六五か七〇位の味付けで抑えてしまわれがちになります。つまりそれをもう少し八〇や八五、又九〇にまでもっていくには冒険心が必要です。何度もお味を確かめ、少しずつ薄口醤油と塩を加え、果敢に挑戦なさって下さい。

京都の料理屋では、吸口と言われる柚子や木の芽等の香りものが、より一層季節感を際立たせることとなります。御家庭では少し贅沢ですが、御来客時にはその吸口を添えると格段の効果を発揮致します。

お椀ものの醍醐味は二つあると思います。まず蓋を取った時の香りや盛り付けの美しさ、これにより、より一層食欲をそそり、期待感が膨らみます。始めから中身を見せず、芝居の幕が落とされるように、瞬間的にその世界を一変させる心にくい演出であります。

当然次は、味を味わう時に訪れます。ひと口目から百点満点でなくても、最後まで飲みきった時に「あぁ美味しかった」という満足感が自然と生まれるような味付けを目標とすべきであります。

もう一つ忘れてはならないのは、お椀の材質＝「漆（うるし）」の存在であります。

「漆器は手触りが軽く、柔らかで耳につく程の音を立てない。私は、吸い物椀を手に持った時の、掌が受ける汁の重みの感覚を、生あたたかい温味とを何よりも好む。漆器の椀のいいことは、まずその蓋を取って、口に持って行くまでの間、暗い奥深い底の方に、容器の色と殆ど違わない液体が音もなく澱んでいるのを眺めた瞬間の気持である」

これは、谷崎潤一郎先生の『陰翳礼讃』の一節でございます。日本古来の伝統工芸「漆」が持つ熱伝導の穏やかさという特性こそ唇が直接お椀に触れることがあっても、温々のお汁を味わうことを可能とした最大の要因でございます。

我が家で一番大切にしているお道具に、お椀や高膳、折敷、飯器などがすべて揃った、蠟色塗の花丸蒔絵皆具一式（明治四十年平安象彦製）がございます。これは、私が大学に入学した記念として父が「てっさい堂」さんから購入させて頂いたものでございます。

「てっさい堂」のご主人の貴道昂様と父は生涯最も仲の良いお友達でした。私も何かにつけて父のお伴で古門前のお店へしょっちゅう伺いました。その時の経験に高校生の私がどれだけ刺激を受け、後々の器選びなど美意識の源泉となっておりますことは間違いございません。残念ながら、貴道のおじ様も父も亡くなりましたが、現在も奥様の裕子様、ご長男で当代の俊行様とも変わらぬ友情でお付き合いを続けさせて頂いております。この器を使う時、おじ様と父の、後進を慮る情愛を感じることを禁じえません。

若竹椀

筍と若布は出会いもの、お互いの持ち味を引き立てます。別の吸地を注ぐと他所行き（よそゆき）として京風の仕上がりとなり、焚いたお出汁をそのまま注ぐと、普段のお汁としても味わえる一品となります。

叶 松谷造 染付福寿小吸物

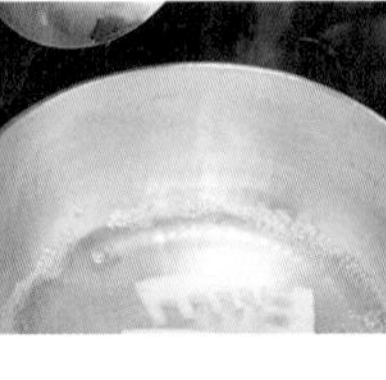

①

②

③

〈材料〉

筍（湯がく82頁参照）……小⅓本（約100g）
乾燥糸若布……適量
木の芽……8枚
出汁、酒、薄口醤油、塩

〈作り方〉

1 若布はぬるま湯に20分程浸けて戻す。硬い部分を取り除き、食べやすい大きさに切る。よく水洗いし、ザルで水気をきっておく。筍はやや薄めに切る。
「筍は吸い物としての一体感を大事にする為、やや薄めに切ります」。

2 鍋に出汁カップ3、筍を入れて火にかけ、しばらく出汁煮込みする。酒小さじ4、薄口醤油小さじ2を加えて（写真①）更に10分程焚き、若布を加えて（写真②）1分程焚く。

3 お椀にまず若布を盛り、その上に筍を並べ（写真③）、また若布を盛り付けてすべり止めにする。塩少量で味を調えた熱い吸地をはり、木の芽を添える。

別法

1 鍋に別の出汁カップ3を入れて火にかけ、65〜66度になったら酒小さじ4、薄口醤油小さじ2を加える。
「シャンパンゴールド色のイメージで薄口醤油を加えます」。

2 味見し、足りない部分を塩少々で補う。

3 あらかじめ焚いておいた筍と若布を椀盛りし、熱々の吸地を注ぎ、木の芽を添える。

沢煮椀

蒸し暑さで食欲がないときには、このお椀が重宝します。
細かく刻んだ野菜から小川のせせらぎを連想して名付けられました。
清涼感を大事にさらっとしたお味に仕上げます。

〈材料〉
もやし(中)……½袋
椎茸……4個
人参……3㎝
三つ葉……½把
豚背脂……50g
出汁、酒、薄口醤油、塩、黒胡椒

〈作り方〉

1 もやしはひげを除く。椎茸は半分の厚さにへぎ、千切りする。人参も千切りする。三つ葉は葉を除き、10秒程塩茹でする。冷水に落として水気を絞り、長さ3㎝に切る。豚背脂は薄くへいで千切りし、霜降りして流水でさらす。
「野菜は何でも構いません。豚の代わりに鶏のささみを使っても結構です」。

2 弱火にかけたフライパンでもやし、椎茸、人参を各々炒める。水分が出始めたら中火にし、塩、薄口醤油各少々を加えて1〜2分シャキシャキ感を残して炒める。
「お湯で湯がくと野菜の持ち味が抜けるので、自身の水分で火を通すこの方法をとります。人参はすぐにへたってしまうので、炒めすぎに注意」。

3 お椀に具を盛り付け、出汁カップ3に酒小さじ4、薄口醤油小さじ1½、塩小さじ½強で味付けした熱々の吸地を注ぐ。黒胡椒を香に添える。
「吸地のお味は薄口醤油よりも少し塩味が勝っている方がよりさっぱりとして清涼感が生まれ、胡椒との相性も良くなります」。

輪島塗八ツ橋蒔絵椀

月見真薯のお椀

「秋風に　たなびく雲の　絶え間より
もれ出づる月の　影のさやけさ」

『新古今集』より

今回は真薯を月に見立て、秋の景色に盛り付けました。
美味しい真薯の作り方をマスターして頂くと、
色々な具材で応用ができ、
季節のイメージをお椀で表現することができます。

〈材料〉
真薯生地
白身魚のすり身……300g
卵白……1½個分
出汁溶き浮き粉……適量
銀杏……8個
むかご……5～6個
椎茸……4枚
しめじ……1パック
芽葱……適量
柚子
出汁、薄口醤油、塩、みりん

〈材料〉
1　銀杏は殻を割ってむき、茹でて冷水に取り、薄皮をむいて輪切りする。むかごは蒸し、蒸し上がりに塩少々をふって薄皮を取る。

2　真薯を作る。当たり鉢にすり身を入れてよくすり混ぜ、卵白を3回に分けて加えてさらにすり混ぜる。

「卵白を一度に入れるとすぐに同化せず、当たり鉢から飛び出してしまう恐れがあります。フードプロセッサーを使われても結構です」。

3　2にみりん大さじ2、塩小さじ¾、薄口醤油小さじ1を加えて更にすり混ぜる。出汁溶き浮き粉を大さじ1ずつ3～4回加えてすり混ぜ、1の銀杏、むかごを加え、冷蔵庫で少し寝かせる。

「浮き粉とは小麦粉からたんぱく質を取り除き、残りのでんぷんを精製したもの。つなぎに加えると真薯がふんわりと仕上がります。出汁で溶く濃度は、濃いめの牛乳を目安にすると良いでしょう」。

輪島塗菊畑蒔絵椀

4　流し缶に入れ、弱火にかけた蒸し器で30分程蒸す。蒸し上がったら丸型で抜き、下から1/3の部分を斜めに切る。

「これを想影豆腐と呼び、月に見立てて盛り付けます。流し缶がなければ、スプーンでラグビーボール状に整えて沸騰した出汁に落とし入れ、弱火で火を通すという方法もあります。火を通した真薯は冷凍保存も可能です」。

5　椎茸は縦横に切り目を入れてオーブントースターで5分程焼き、出汁でさっと煮る。しめじは熱湯でさっと茹でてから出汁で煮込み、薄口醤油、みりん各少々を加えて軽く煮る。

6　お椀に真薯を盛り、前盛りに椎茸、しめじ、芽葱を添える。

「真薯は蒸し上がり熱々を盛り付けるのが最上ですが、切ったものを冷まし、召し上がる直前に5分程蒸し直しても結構です」。

7　吸地は出汁カップ3に酒小さじ4、薄口醤油小さじ2、塩小さじ1/2弱、みりん数滴で味を調える。熱々を6に注ぎ、柚子を添える。

「真薯地に塩を利かした場合は吸地には薄口醤油に重きを置いて味を付けると良いでしょう」。

ぐじの船場汁

日本一の商売の街大阪の船場は、
最近でこそビルが建ち並ぶオフィス街となりましたが、
一昔前までは古い商家が軒を連ねる風情ある街並みでありました。
殊に代々の家のしきたりや慣習は、
質素倹約を第一とし、奉公する人たちも将来分家、別家して
一人前に独立する為に厳しい修業に励みました。
この船場汁は本来、鯖の上身をとって丁稚のおかずとしたものです。
残った骨とあらで出汁をとって主人に供し、
普段ご家庭では塩鯖でも充分美味しく頂けますが、
お客様むきに少し贅沢に仕上げるとすれば、
ぐじ（若狭湾産のひと塩した甘鯛）が最も適しています。

〈材料〉

ぐじ……1尾（約500g）
大根……1/4本
昆布……10g
木の芽もしくは胡椒……適量
しぼり生姜……適量
酒、薄口醤油、塩

〈作り方〉

1　ぐじは上身と骨、あらに分け、霜降りする。
「ぐじはひと塩してありますので塩をする必要はありませんが、ふつうの甘鯛を用いる場合は、2〜3時間前に少し強めに塩をしてしっかり馴染ませる必要があります。直前に塩をしただけでは火にかけるとすぐに塩味が抜けてしまい、身そのものの塩味がなくなって味気のないものになってしまいます」。

2　骨とあらは鍋に入れ、昆布と水1ℓを加えてごく弱火にかける。30〜40分ことこと煮、味が出ているのを確かめて酒大さじ4〜5を加え、更にしばらく煮て漉す。
「グラグラさせないことが重要です。火が強すぎるとお汁が濁ってしまいます」。

輪島塗金波千鳥蒔絵椀

3　大根は長さ3㎝、厚さ3㎜の短冊切りにして水で洗い、2の汁に加えて柔らかくなるまで煮る。「このお料理には大根が欠かせません。大根はジアスターゼというたんぱく質を分解する成分を含んでおり、生臭みを消したり、脂臭さを取るという科学的作用が実証されています。焼き魚や天婦羅に大根おろしを添えてきた先人の経験から得た生活の知恵には、いつも感心させられます」。

4　薄口醤油小さじ1と塩小さじ⅕で味を調え、上身を適当な大きさに切って加え、弱火で7〜8分煮る。「上身は煮すぎるとカスカスになってしまいます。かといって火が完全に通らないといけません。目安は火が通るにしたがって徐々に身が浮いてきます。この状態で火の通りは8割です。火を調節してあとの2割の火を通すという加減で仕上げて下さい」。

5　お椀にぐじと大根を盛り付ける。吸地は薄口醤油小さじ1弱、塩適量、しぼり生姜数滴で味を調え、熱々を注ぐ。木の芽もしくは胡椒を吸口とする。

お味噌汁　赤、白、合わせ

よく懐石で一汁一菜、一汁三菜といわれておりますが、
ここでいう一汁とは真薯のお吸いものや、船場汁などではなく、
味噌汁をさします。いわゆる具沢山のお吸いものは懐石では煮物椀、
あるいは椀盛りとして菜の部類に入ります。
基本は出汁にお味噌を溶くということに変わりはありませんが、
作る上で二つの考え方があります。
第一は、後に持ち味の強いお味噌を加えるので、
ベースとなるお出汁は二番出汁のように
比較的薄いお味を合わせるという考え方。
もう一つは、お味噌の旨味に対抗するため、
一番出汁にまだ追いかつおをして「目には目を」といった考え方で
美味しさのバランスを保つという方法であります。
味噌は元来五味「甘い、辛い、酸っぱい、苦い、塩辛い」の
範疇には入らない、いわゆる次元の違う味「＝発酵食品」であり、
古来この味のことは「醍醐味」と称されてまいりました。
その得がたい美味を活かす為に、当店では後者の方法をとっております。

〈材料〉
出汁、味噌、かつお節

〈作り方〉
1　一番出汁を火にかけ、温まるにつれ徐々に味噌を味噌漉しを用いて溶き入れる（写真①）。
「この時、絶対に沸騰させてはいけません。沸騰させると一瞬のうちに味にくどさと酸味が出てしまいます。大体少し薄いなと思われるところで一度お味見し、確かめてから微調整を行って下さい。夏は赤味噌が十、冬は白味噌が十。春、秋は四分六から五分五分。季節とお好みによって白味噌と赤味噌の割合を調整して頂ければ結構です」。

三浦竹泉造 色絵小吸物

2　味噌の量が定まった時点で、一味足りないという場合はかつお節を軽くひとつかみ加える。

「この時温度は85度以上95度以下でないと、生臭みが出てしまいます」。

3　すぐ火を止め、1〜2分馴染ませてから水嚢で漉す（写真②）。

「赤味噌は追いかつおをすると非常に奥行のある、豊かな味わいになりますが、白味噌を加える量が多くなるにつれ、この必要はなくなります。京都人は〝まったり〟という表現をよく使います。これはまさに白味噌の美味しさを言い当てる最も適当な言葉であります」。

②　①

白味噌仕立て鶉豆腐のお椀

京都に生まれ育った私にとりまして、
白味噌の「おつゆ」と申しますものは、
何かしら特別な愛着を感じるものであります。
最初のひと口をすする時こそ、
京都人としてのそのアイデンティティを
改めて認識する瞬間でございます。
単純に出汁にお味噌を溶くだけの味付けですが、
「まったり」としたその複雑な味わいは無類の深みがございます。
絶対に沸騰させてはいけないのが鉄則でございます。

〈材料〉

鶉豆腐
- 鶉……1羽
- 木綿豆腐……1丁（約300g）
- 卵白……1個分
- 出汁溶き片栗粉……大さじ2位
- 塩、しぼり生姜、みりん、薄口醤油

茹でたほうれん草……適量
焼椎茸、輪違い金時人参……各4個
出汁、白味噌、練り辛子

〈作り方〉

〈鶉豆腐を作る〉

1 木綿豆腐をさらしで包み、まな板にはさんで重しをする。勾配をつけて2時間程置き、裏ごす。「勾配をつけておくと、水気がきれやすく、また、そのしみ出た水気をもう一度吸うことがなくなります」。

2 鶉の身は骨をはずして上身にし、出刃包丁で細かく刻み、更に叩いてミンチ状にする。

3 当たり鉢に2の鶉肉を入れ、すりつぶす。塩小さじ1/5、しぼり生姜小さじ1/2強を加えてよく当たる。つなぎに卵白半量を加え、更によく当たる。1の豆腐、残りの卵白、みりん小さじ1、薄口醤油小さじ1/2、出汁溶き片栗粉を加えてよく混ぜ合わせる。丸型（セル）に流し入れ、蒸し器で12分程蒸す。

四君子蒔絵椀

添えものを作る

4 細めの金時人参は、皮を桂むきし、厚さ3㎜の輪切りにし、型抜き器で中心を打ち抜く。塩水で湯がき、色が鮮やかになったら、氷水に取る。2つ一組で、一方に切り目を入れて、もう一方の輪に通す。

5 椎茸は塩水に20分ほど浸け、オーブントースターで焼く。

吸地を作る

6 常温の出汁カップ2½に、徐々に温度を上げながら白味噌120〜130gを味噌溶きを使って溶く。

「この時のお加減は他に味噌以外何も加えないという意気込みで、濃すぎないよう慎重にすめて下さい。沸騰させてしまうとお味噌の色も味も変わり、台なしになるので、くれぐれも徐々に温度を上げて下さい。お味噌汁単独で召し上がる場合はあまり濃くせず、ご飯と一緒に出される場合は少し濃くお加減します」。

7 沸騰しかけたら一旦火を止め、一呼吸おいて味見する。良ければ水嚢で2度漉す。

「漉すことによって舌ざわりが滑らかになり、お味噌が喉にひっかかるということもなくなりますので、必ず漉して下さい」。

盛り付け

8 鶏豆腐の高さを調え、お椀の中央より少し向こうよりに盛り付ける。茹でたほうれん草、焼椎茸、輪違い金時人参をあしらい、味噌汁を注ぎ、練り辛子を天盛りする。

白ご飯

大陸から伝来して以来、ご飯＝お米は日本民族の
食の歴史そのものであったといっても過言ではありません。
近頃は食の多様化が進み、需要が少なくなったとはいえ、
ご飯が主食であり、常に和食の献立はご飯との相性を抜きにしては
考えられません。極端に言えば、炊き立ての美味しいご飯さえあれば、
一～二品のおかずとお汁で充分に一食が成り立ちます。
もう一度お米の品質にこだわり、手間をかけて白いご飯の有難さを
実感して頂きたく思います。
当店の夜のお献立の最後は、必ず白ご飯とお漬物とお味噌汁で
締めくくります。私がまだまだ未熟者だった頃の話ですが、
湯川秀樹先生がおみえになった時、最後に鯛ご飯を
お出ししたことがありました。寡黙な先生が「いつから浜作は色ご飯を
出すようになったのか」とボソッとおっしゃいました。
これを聞いて私は大変ショックを受けました。まさにご馳走の後の
鯛ご飯などは、全く蛇足だったのであります。そのことを指摘された
先生のこの一言で目が覚めた思いがいたしました。
この頃ではよく炊き込みご飯や変わりご飯＝色ご飯を
お出しになるお店が増えましたが、やはりご馳走の後には
かえって白ご飯の方がお料理の余韻を崩さず、
品良く締めくくることができるのではないでしょうか。

叶 松谷造
色絵萩絵茶碗

〈材料〉
米

〈作り方〉

1 底の平らなボウルにお米とお米の量の4～5倍量の水を注ぎ、よくかき混ぜ、汚れやごみを洗い流す（写真①）。これを2回繰り返し、お米がヒタヒタになる量まで水を捨て、手の平でお米を押さえつけるというよりは、軽くお米とお米をすり合わせてぬか臭さを取り除くようにボウルを回しながら研ぐ（写真②）。

2 たっぷりの水を注ぎ、濁った水をまた捨て去り（写真③）、更に2度繰り返す。勢いよく水を注ぎ入れ、軽くかき混ぜて水を捨て去る。これを何度も、研ぎ汁が透明になるまでくり返す。
「この作業を『かす』と言います」。

3 大きめのザルにあけて30～40分お米を乾かしておく（写真④）。
「お米の歴史は常に飢饉との戦いで、もしその年、天候の不順で収穫量が激減した場合、すぐさま食料不足が生じます。その為新米をすぐに流通させず、一度国家が管理して備蓄、それを管理しながら流通させるという時代が長く続いてきました。ゆえにお米は乾燥し、水分を補う為、前日から水に浸けておくというような慣習が言い伝えられてきました。しかし、現代のお米は充分水分を含んでおりますのでその必要はなく、かえって水に浸すことによりでんぷんが流れてしまう弊害が生じます。炊く前にこのお米を乾かしておくということが、水分の吸収を滑らかにして、芯の残らない、ふっくらとしたご飯を素早く炊き上げる為の、第一の必要条件であります」。

4 土鍋に米を入れ、米の量（乾かした後の分量）の1・15倍量の水を加え（写真⑤）、蓋をして強火にかける。
「この時、沸騰してくるとぐらぐらとお米を立たすことが大事です。ただ、お鍋に対して総量が多いと、お湯がこぼれてしまう場合があります。この時はためらわず蓋を開けて下さい（写真⑥）。火にかけて熱を絶えず加えている限り、蓋を取ってもさほど悪影響は出ません。かえってお湯がこぼれることにより水加減のバランスが崩れ、失敗するリスクの方が高まります。絶対に蓋を取って蒸気や熱を逃してはいけないのは、火を止めて熱量の補給が遮断された後のことです」。

5 お米をぐらぐらと3～4分炊き、少し火をゆるめ、沸騰を少しおさめる。
「この時すでに水分はほとんどお米に吸収されているはずです。ここからは聴覚、臭覚を敏感にして下さい」。

6 鍋の底にかすかにぱりぱりと音がしたら、火を止める。
「土鍋の場合はすぐにブレーキをかけても余熱があるので少しはおこげができます。又、このおこげが大切な副産物でもあります」。

7 余熱を逃さないように、布巾やタオルでくるみ、蒸気穴を濡れ布巾でふさいで10分置く。

8 蓋を開け、杓文字で丁寧に底から間に空気を入れるようにふんわりとかき混ぜる。
「この時槇や檜などの木製のおひつに移すと、最も美味しいご飯が頂けます。茶懐石では何よりも炊き立ての一口をお召し上がり頂くというおもてなしの心を第一義と致します。本来は炊き立ての熱を少し鎮めて落ち着いた状態のご飯が一番美味しいと思います。お酒を仕上げに入れると艶が良くなります。ご飯の水の量はあくまで基準であってお米の状態も千差万別、お米はまさにお国自慢なのです。また、新米と日がたったものでも異なります。ご自身のお好みのお加減を体得なさることが一番であります」。

豆ご飯

豆を加えるタイミングを何回か試行して、
お好みの柔らかさと風味を会得して頂きたいものです。

〈材料〉
うすいえんどう豆……１５０ｇ
米（洗って水気を乾かす）……2合
昆布出汁、塩、酒

〈作り方〉
1 えんどう豆はさやからはずしてボウルに入れ、ひとつかみの塩を加えてよくもみ込む。
「豆と豆をすり合わせるようにもむことで豆の表面に傷がつき、塩がかすかに浸透し、又、熱伝導が良くなることによって退色が防げます」。
2 表面に水気がしみ出し、色が鮮やかになったら水で洗い、水気をきる。
3 土鍋に米、米の１・１５倍の昆布出汁、昆布出汁の5%の酒、1%の塩を入れて強火にかける。沸騰したら弱火にして12～15分炊く。
「鍋の容量に少し余裕がないと吹きこぼれやすいので注意します。吹きこぼれそうなら一旦蓋を開けても良いでしょう。昔から絶対に蓋を開けてはいけないという慣習がありますが、蓋を開けて蒸気を逃がすマイナス面よりは、水がこぼれて水加減が狂う方がより重大です。弱火に落とした後は蓋を開けずに蒸気を逃さないように心掛けるようにしましょう」。
4 途中、沸騰が少しおさまり、水分がほとんどなくなった時点で豆を加える。
「沸騰している時に豆を加えると豆は柔らかくなり、風味もご飯によく移りますが、鮮やかな色は望めません。又、ご飯が完全にでき上がってから加えると色は鮮やかですが風味は薄く、硬いこともあります」。
5 かすかに焦げた香りが漂い出したら火を止め、5～6分蒸らす。
「鍋を布巾などでくるむと余熱が逃げないようにすることができます」。
6 おこげと混ざらないように、軽くふわっとすくい返すように混ぜ、もう一度蓋をする。
「そのまま盛り付けても良いですが、おひつに移して落ち着かせると、よりお米本来の美味しさが味わえます」。

筍ご飯

淡く香りと持ち味を活かす為、
今回はあえて昆布出汁を使いました。

〈材料〉
筍（ゆがく82頁参照）
……小1本（約２００ｇ）
米（洗って水気を乾かす）……2合
昆布出汁、酒、薄口醤油、みりん
花山椒

〈作り方〉
1 筍は適当な大きさに切る。
「筍は底に近い硬い部分を使うと良いでしょう。又、ご飯の具材はあまり大きく、厚く切らない方が良いでしょう。なぜならば、ご飯粒との差があまり激しいと味わう時に極端にアンバランスが生じ、リズム感が悪くなります。あくまでも具材はご飯の影響下に置かれなければなりません」。
2 土鍋に米、米の１・１５倍の昆布出汁、昆布出汁の5%の酒、２・5%の薄口醤油、みりん少々を入れ、筍をのせて炊き、蒸らす。
3 軽く混ぜ、お茶碗によそって花山椒を添える。

豆ご飯

叶 松谷造 色絵豆彩飯茶碗

筍ご飯

叶 松谷造 染付花唐草絵飯茶碗

鶏釜めし

釜飯はおかずがない時など、お漬ものや簡単なお汁ものだけで充分一食となり得ます。あまり、京風を意識してあっさりと仕上げず、かえって濃口醤油を使い、甘辛に仕上げた方が鶏と椎茸の濃厚な旨味を引き出すことができます。

〈材料〉

鶏もも肉……1枚(約250g)
米(洗って水気を乾かす)……2合
どんこ椎茸べっこう煮(中)
(150頁「合まぜ」参照)……2枚(50g位)
出汁
酒、みりん、濃口醤油、塩
実山椒

〈作り方〉

1 鶏肉は大きめの薄切りにして軽く塩をする。椎茸は大きめに切る。

2 土鍋に米、米の1・15倍の出汁、酒、みりん、濃口醤油各小さじ4、塩小さじ1/5を入れて混ぜ、上に鶏と椎茸をのせる。
「鶏肉は火が通りすぎるとカスカスになります。ゆえに大きめに切って薄塩をしてお米の上に置くことにより、水気がなくなった状態から後は、蒸し焼きの感じになるので、柔らかく仕上がります」。

3 炊き方は173頁「白ご飯」参照。
「調味料を入れている分、早く焦げつきます。水気がなくなった時点からは、細心の注意で火加減を調整して下さい」。

4 炊き上がって2〜3分後、お米の粒を壊さないようによく具材とご飯を合わせてお茶碗によそい、天盛りに実山椒をちらす。
「今回は一度大ぶりの食籠に移し替えました」。

河井寛次郎造
三角蓋食籠、草絵小鉢

大原女飯蒸し

永楽即全造 麦藁角向付（奥）
玄嬪焼小茶碗（手前）

京都ではもち米の蒸したものを「白蒸し」と呼び、お餅屋さんで市販しておりますが、なかなか手に入りにくい場合もあるようです。

〈材料〉
白蒸し……400g（もち米約200g）
焼穴子（147頁「ざく三種」参照）……1尾
柴漬け……30g
銀杏……8個　青紫蘇……5枚
酒、薄口醤油、みりん、塩
青柚子

〈作り方〉
1　もち米は洗米して一晩水に浸け、よく水分を吸い込んだ状態でさらし布で包むようにザルに入れ、蒸気が上がった蒸し器で蒸す。50分を目安に硬さを確かめる。この時塩水を手でふりかける。再び蒸し、つごう1時間余りで蒸し上がる。
「柔らかく、一粒一粒が立ち、もちっと感が残るように蒸し上げて下さい」。

2　飯切りに移し、表面が乾かないように濡らしたさらし布をかけ常温に冷ます。

3　焼穴子は約3cm幅に切り、更に4つ切りにする。
「横に切るだけでは骨が長く残ってしまう恐れがあります。白焼きの場合はトースターで焼き、タレを塗るとよいでしょう」。

4　柴漬けはみじん切りする。銀杏は殻を割ってむき、塩茹でして水に落として薄皮をむき、輪切りする。青紫蘇は千切りして水にさらす。

5　白蒸しに酒大さじ3をふりかけて手で馴染ませ、調味料を受け入れる下地を作る。薄口醤油小さじ1弱、みりん、塩各小さじ⅕で味を調える。
「酒ともち米は同源である為、とても馴染みやすく吸収されやすいですが、薄口醤油と塩を入れすぎると具材の味が引き立たなくなります」。

6　5に具を混ぜ合わせて器に盛り、蓋をせずに10分蒸す。仕上げに青柚子をのせる。
「もち米は蒸しすぎるとべちゃべちゃになってしまうので、蒸しすぎに留意して下さい」。

山海ご飯

尊敬する先代の辻留さんの御献立に「つまみ御料」という品の良い混ぜご飯がございます。

若布と干物の枯れた風雅な味わい。

今回はそれを少しアレンジして御紹介いたします。

〈材料〉
ご飯……2合分
鰤の干物……1尾
乾燥糸若布……適量
沢庵……適量
青紫蘇……5枚
焼海苔……適量
しぼり生姜、酢橘、薄口醤油

〈作り方〉
1 鰤は中火でしっかりと焼き、骨と皮を除いて細かくほぐし、しぼり生姜と酢橘のしぼり汁各少々をかける。
2 糸若布は乾燥したままハサミで5㎜に切る。青紫蘇は細く刻み、水にさらす。
3 沢庵は皮をむいてみじん切りし、水で洗って水気をしっかり絞り、しぼり生姜と薄口醤油各少々を加えて混ぜる。海苔は細かく手でちぎる。
4 飯切りに熱いご飯を入れ、具をまんべんなく混ぜ合わせる。

「この時、無造作に混ぜるとご飯とご飯がすれて粘りが出てしまいますので、杓文字で切るように合わせて下さい。お好みで塩加減をするか、又酢橘やカボスなど薄口醤油を数滴たらし、又酢橘やカボスなどの柑橘類を加えても風味に変化が出ます。鰤の代わりに白身魚や鯵の干物でも良く、又生魚の場合は塩気をきつくし、焼きすぎる位に焼いたものでも良いでしょう」。

赤絵仙人蓋物

すっぽん雑炊（写真奥）

すっぽんは俗に〝丸〟と呼び、すっぽんのお吸ものを丸吸、雑炊を丸雑炊と呼んだりします。古来、滋養強壮の効果は第一とされ、当店では夏の盛りの大暑の時期と真冬の大寒の二度だけ、御献立にすっぽんを登場させます。厳しい京の暑さと寒さを乗り越える為に、先々代よりの恒例となっております。丸鍋にせず、雑炊に仕上げましたので本来鍋で頂くべき身を刻んで加えました。

〈材料〉

すっぽん（さばいたもの）……適量
ご飯
生姜、卵、あさつき、酒、薄口醤油

〈作り方〉

1 大きい鍋にたっぷりと湯を沸かし、バラバラになった身と甲羅を霜降りし、水に落として薄皮をむき、流水によくさらす。
「大体湯の中の滞留時間は40秒位が目安です。必ず沸騰し続けていなければならないので、湯ははじめから大量に沸かす必要があります」。

2 1を鍋に入れ酒4、水1の割合でひたひたに注ぎ、火にかける。この時刻んだ生姜を一緒に煮込む。30～40分で身は柔らかくなる。
「丁寧にアクを取り、漉すと丸スープができ、薄口醤油で味をつけ、もう一度しぼり生姜をたっぷり入れると丸吸となります。焼いた白葱などを加えると風味が増します」。

3 2を漉して鍋に戻し、身を刻んで入れ、しばらく煮込んでから薄口醤油をしっかりと加える。
「すっぽん地には薄口醤油がよく合い、塩はあまり相性が良くありません。塩を主体に味をつけるとすっぽんの臭みが出てしまいます」。

4 煮立った中に熱ご飯を入れてしばらく強火で炊き、スープをご飯が吸い込んだら卵を溶き入れ、あまりかき回さずにそのまま器によそう。あさつきの小口切りを添える。
「ご飯の炊き具合、硬さはお好み次第で。お汁が多いとさらさらと軽く仕上がり、おじやのように最後まで煮詰めると濃厚な味わいを楽しめます」。

ふぐ雑炊（写真手前）

丸雑炊と好対照の淡泊を旨とする雑炊の第一等はふぐ雑炊に極まります。京都でいち早くふぐを御献立にのせたのは、浜作の初代主人であり、冬の当店の看板メニューでもあります。

〈材料〉

ふぐの身、アラ……適量
ご飯
昆布出汁、鴨頭葱、塩

〈作り方〉

1 昆布出汁でふぐの身と野菜を煮込んでふぐ鍋を楽しんだ後のスープに塩を少し加えるだけのごく淡泊な味で、一度湯洗いしたご飯を煮込む。器に盛り、鴨頭葱を添える。お好みで卵を入れても良い。
「すっぽんよりはサラサラと浅く仕上げるのがコツであります。雑炊だけを作る場合は、比較的身のついていないアラを選び、水から30～40分煮込んでふぐのスープを取り、ご飯を加え、塩味だけで味付けすると良いでしょう。丸の濃厚、薄口醤油に対比して、ふぐは淡白、塩味。雑炊の両横綱であります」。

叶 松谷造
仁清写網絵蓋向付（奥） 仁清写菊絵蓋向付（手前）

親子丼　五種

鶏と卵で親子丼とは
うまく名付けたもので、
このありきたりな二つの材料を使って
今回は五つのバリエーションを
考えました。元より
当店のレギュラーメニューには
なかったものです。
祇園町の富美代さんや
一力さんなどの
お茶屋さんからのご注文で、
一品料理の仕上げとして
ワコールの塚本会長様の
ご要望で初めて作りました。
それをご覧になった食通で知られた
伊藤園の本庄会長様が
ことのほかお気に召され、
以来十五～十六年間にわたり、
五十種類以上の組み合わせで
変わり親子丼を作り続けました。
この二つの素材だけで
同じものを二度と出さず、
作り続けることは

い

ろ

料理の永遠の命題のようで、
どれだけ勉強になったか分かりません。
このようにご家庭でも
材料は奇をてらった
珍しいものを求めるのではなく、
ありふれたものを工夫を凝らして
考えをめぐらせ、
食卓を豊かにすることが何よりも
お料理の本筋であると考えます。

は

に

ほ

いずれも、
永楽妙全造 麦藁飯茶碗

い

〈材料〉

鶏もも肉……1枚　卵……4個

玉葱……1個

軸三つ葉、美味出汁（221頁参照）、粉山椒、塩

ご飯

〈作り方〉

1　鶏肉は皮目を下にして4等分に切り、更に斜めに薄くそぎ切りして薄塩する。
「こう切ると皮と身が2対8位になって、皮が前面に出ず、食べやすくなります。鶏に下味をつけておくと丼つゆで煮込んで味をつける時間が少なく＝鶏が硬くならずにすみます」。

2　玉葱はスライスしてさっと水にさらす。
「玉葱の臭みを少し抜いておくのが和食としてはより良いでしょう」。

3　鍋に玉葱を入れ、美味出汁をひたひたに注ぎ、強火で2〜3分煮る。

4　玉葱が柔らかくなったら鶏肉を並べ入れて煮、鶏に火が通ったら味見する。
「甘めがお好みの方は少し砂糖を、甘辛口には濃口醤油を少し落としても良いでしょう」。

5　煮立った中に溶き卵を回し入れて軽く混ぜ、三つ葉をちらし、熱ご飯の上に盛り付け、粉山椒をかける。

ろ

――つけ焼きとスクランブルエッグで

〈材料〉

鶏のつけ焼き（99頁「鶏のつけ焼き」参照）……1枚

卵……4個

青唐辛子　もみ海苔　木の芽

サラダ油、塩

ご飯

〈作り方〉

1　鶏のつけ焼きは薄めに切る。青唐辛子はヘタを除いて串に刺し、強火で焦げ目をつけるように焼く。鶏のかけ醤油に浸けておく。

2　熱したフライパンにサラダ油少量を入れて馴染ませ、よく溶いた卵に塩少々で味を付けて流し入れ、箸でかき混ぜてスクランブルエッグを作る。
「火の通し具合は7割位、しっとりした加減が良いでしょう」。

3　熱ご飯に鶏、焼き青唐辛子、スクランブルエッグを形よく盛り付け、もみ海苔、木の芽を添える。
「味が薄い場合は、鶏のかけ醤油をたらしても良いでしょう」。

は

――そぼろと卵黄で

〈材料〉

鶏ミンチ……500g　卵黄……4個

軸三つ葉……適量　しぼり生姜……少量

酒、みりん、砂糖、たまり醤油、濃口醤油、黒胡椒

ご飯

〈作り方〉

1　酒カップ2、みりんカップ½を鍋に入れ、鶏ミンチを加えて強火にかける。
「先に酒を入れておいた方が、鍋が焦げつきにくくなります」。

2　混ぜながら煎り、沸騰してきたら差し水をし、再沸騰したらアクを取る。しぼり生姜小さじ1、砂糖小さじ½を加えて2分煮、たまり醤油大さじ1、砂糖小さじ1、濃口醤油小さじ1を加えて1分煮、ザルをかけたボウルにあけ、そぼろと煮汁に分ける。

3　煮汁は鍋に戻し、火を弱めて焦げつかないように半量まで煮詰める。
「そぼろは一緒に煮詰めると硬くなるので、一度取り出しておくと良いでしょう」。

4　3にそぼろを加えて強火にし、焦げつかないように混ぜながら煎りつける。

5　熱ご飯の上に4を盛り付け、中心にくぼみをつけて卵黄をのせる。黒胡椒と茹でた三つ葉を添える。

に ——唐揚げに鶏卵あんを組み合わせて

〈材料〉

鶏唐揚げ［鶏もも肉1枚、塩、胡椒、片栗粉、小麦粉］

鶏卵あん［出汁、みりん、薄口醤油、塩、葛粉、卵5〜6個、絹さや8枚］

ふり柚子　揚げ油　ご飯

〈作り方〉

1 鶏肉は皮目を下にして4つに切り、更に薄くそぎ切りし、塩、胡椒する。水気が出てきたら片栗粉をまぶす。5〜6分置くとしっかり吸着し、余分な水分が浸潤してくる。小麦粉をつけ、1分置いてから165度の油でじっくりとカラカラになるまで揚げる。

「下味は塩だけなので、じっくり揚げても焦げることがありません。又粉をつけてしばらく置いているので、鶏から出る水分に粉がしっかりとつき、油が汚れることがなくカラッと仕上がります。大体の唐揚げはこの方法をとると驚くほど軽く、カラッと仕上がります」。

2 出汁カップ2を温め、みりん、薄口醤油各小さじ2、塩小さじ½弱でお吸い物より2〜3割濃いめの味をつけ、軽く沸騰した状態で出汁溶き葛粉を混ぜながら加え、徐々にとろみをつける。

「比較的とろみは薄く、蒸しもののようには濃くしない方が良いでしょう」。

3 2によく溶いた卵を細く流すように入れ、15秒程おいてからかき混ぜる。茹でた絹さやを細切りしたものを加える。

4 熱ご飯に唐揚げを山高に盛り、3のあんをかけ、ふり柚子で香を添える。

ほ ——鶏団子甘辛と白葱のぶつ切りを焚いて

〈材料〉

鶏団子［鶏ミンチ400g、卵1個、みりん、薄口醤油、塩、おろし生姜、片栗粉または葛粉］

白葱　錦糸卵（186頁「ちらし寿司」参照）、軸三つ葉、実山椒、ご飯

出汁、酒、砂糖、濃口醤油、薄口醤油、みりん

〈作り方〉

1 鶏ミンチに卵を加えて手でしっかり練る。みりん小さじ1、薄口醤油小さじ½強、塩小さじ⅓、おろし生姜小さじ½を加え混ぜ、水溶き片栗粉（または葛粉）大さじ1強を加えてよく混ぜ合わせる。

「少し冷蔵庫で冷やしておくと、丸団子に形をとりやすくなります」。

2 鍋に出汁と酒各カップ1½を合わせて沸騰させ、砂糖大さじ2、濃口醤油大さじ2⅔で甘辛に味つけする。この中に、1を手の平とスプーンで団子を形作って落とし入れ、火が通るまで煮、冷ます。

「団子や真薯は、温かいものを一度冷ますと、味が中までしみ込んで美味しくなります」。

3 白葱は長いままガスの遠火でこんがりと焼き色がつくまで焼き、2㎝弱の長さに切る。

4 鶏団子の鍋を火にかけ、団子の芯まで温まったら白葱を加えて熱ご飯の上に盛る。煮汁は味見し、みりんと薄口醤油で調えてかける。錦糸卵、軸三つ葉、実山椒を添える。

「団子は煮続けるとだんだん硬くなり、カスカス感が出てくるので、途中で一度火を止め、味を含ませるという方法をとると良いでしょう」。

ちらし寿司

お雛祭りを代表とするお節句やお祝い事の席にはなくてはならないのが、ちらし寿司であります。
あくまで寿司ご飯に具を混ぜ合わせ、上には一面に錦糸卵をのせ、彩の鮮やかな海老と木の芽だけですっきりと仕上げるのが京風であります。

〈材料〉

米（洗って水気を乾かす）……3合
寿司酢［米酢90cc、砂糖45g、塩15g］
どんこ椎茸のべっこう煮（150頁「合まぜ」参照）……5枚（100g）
車海老……4尾
焼穴子……1尾（約200g）
卵　焼海苔……4枚
木の芽、塩　昆布……1片
寿司生姜（221頁参照）……50g

〈作り方〉

1 鍋に寿司酢の材料を合わせて温め、砂糖と塩を溶かす。
「沸騰すると酢の酸がとんでしまうのであまり強火にしてはいけません」。

2 ご飯は米1に対し同量（少し硬め）の水に昆布を加えて炊き上げる。あまり蒸らさず、飯切りにひとかたまりになるように移す。1を徐々に加え、1分程そのままにして馴染ませる。
「熱いご飯には熱い酢の方が吸収されやすくなります」。

3 ご飯を切るように、飯切りいっぱいに広げるように軽く混ぜる。表面をあおいで粗熱を取り、ご飯を返し、別の面に風をあてるという感じで、2～3度繰り返す。蒸気が出なくなったら、濡らしてよく水気をきったさらし布を上からかけておく。
「蒸気を除くように団扇であおぎながら混ぜると良いでしょう。この蒸気がご飯の粘りの素となってしまいます。勢い良く混ぜるとご飯とご飯がくっつき、粘りを生むので、混ぜ合わせすぎてはいけません」。

4 焼穴子、どんこ、寿司生姜はみじん切りし、冷ました寿司飯にまんべんなく混ぜ、最後に焼海苔をちぎって加える。
「ご飯は常温一歩手前まで人肌くらいに冷めていないと、粘りが出てしまいます。ふり柚子やしぼり生姜、柑橘のしぼり汁などを加えても良いでしょう」。

5 錦糸卵を作る。全卵2個と卵黄1個を合わせてよく溶き、塩少々を加えて漉す。中火で熱した卵焼き器に卵液を出来る限り薄く流し入れる。
「卵を焼くというよりは余熱で固めるといった具合。温度が高すぎると焦げてしまうので、濡れ布巾に底を当て、粗熱を取ると良いでしょう」。

6 全体に火が通ったらお箸を鍋と卵の間に差し入れ、静かに持ち上げるようにお箸の位置を移動して回転させながら裏返す。
「鍋を火からおろすとやりやすいです」。

7 もう片面にも火を通し、長さ3cm位の帯状に切りそろえ、できる限り細く刻む。

8 車海老は頭と背ワタを取り（109頁参照）、背ワタのあとに竹串を通して尾まで貫通させる。
「こうすると茹でた時に曲がりません」。

9 水に塩ひとつまみ入れて海老を茹でる。茹ですぎは禁物なので赤色がよく出たら、大体3～4分でザルに上げて冷ます。殻をむいて、一口大に切る。
「お湯の中に落とすと瞬間的に海老が縮んでしまうので、海老は水から茹でます。この時冷水に落とすと色はよく発色しますが、風味は損なわれるので、ザルに上げ、団扇であおぎ冷ますのが本来であります。必ず冷めてから殻をむいて下さい。熱いうちに殻をむくと、折角の赤い色素が殻に残ってしまい、彩が悪くなります」。

10 器に盛り付け、一面に錦糸卵を敷いて海老をのせ、木の芽を添える。

河井寛次郎造 辰砂菱形食籠

冷やし素麺

素麺は、あたらしいものは油の臭いが抜けていないものが多いので、少し寝かしたものを選んだ方が良いでしょう。
こういうありきたりのもの程おろそかにせず、ひと手間かけると格段に仕上がりに差が出ます。

〈材料〉

素麺……4束
錦糸卵（186頁「ちらし寿司」参照）……適量
三つ葉（茹でたもの）……適量
どんこ椎茸のべっこう煮（150頁「合まぜ」参照）……適量
車海老の茹でたもの（69頁「夏の焚き合わせ」参照）……4尾
柚子、洗い葱（220頁参照）、山葵
素麺だし［昆布10g、水カップ3、みりんカップ½、濃口醤油、薄口醤油各カップ¼、かつお節25g］

〈作り方〉

1 素麺だしは、鍋に水、みりん、濃口醤油、薄口醤油を合わせ、昆布を入れて火にかける。

2 1を12〜13分かけて沸騰寸前まで温度を上げ、かつお節をまんべんなくふり入れる。沸騰しない程度に火を弱めて2分程ことこと煮る。火を止め、常温までそのまま冷まし、漉して冷やしておく。
「早く沸きすぎると昆布の味が出ないので、弱火から中火が目安となります」。

3 素麺を1束ずつ、端から1㎝の所を輪ゴムで固く結わえる。たっぷりの沸騰した湯に入れ、軽くかき混ぜながらまんべんなくお湯が当たるようにする（写真①）。1分半程茹で、流水に落として水の濁りがなくなるまで洗う（写真②）。
「素麺は製麺する過程で油が使われています。

義山輪花鉢、びいどろ瑠璃鉢

いきなり氷水に落とすと、その油臭さが抜けないので、まず流水で洗うことが大切です」。

4　別に氷水を用意して麺を引き締め、よく冷やす（写真③）。

5　素麺の結わえ口を持って箸で調え（写真④）、形を崩さないように結わえ口の方の端を切り落とす（写真⑤）。氷を入れた器に盛り、具材を彩りよくのせて（写真⑥⑦）水を注ぐ。

6　素麺だしに柚子の皮をすりおろし、洗い葱、山葵を添える。

五代清水六兵衛造 三島ひねり鉢

鴨南蛮にゅうめん

冬の出会いものの中で山の幸を代表するのが鴨葱であります。中でも京、洛南の九条葱は抜群の相性であります。添え味というより、九条葱が主役となるくらい、たっぷりと使っても決して邪魔にはなりません。

〈材料〉

素麺……4束
真鴨胸肉（合鴨ロースでも代用可）……1枚
九条葱……1束
おろし生姜、しぼり生姜
出汁、酒、みりん、濃口醤油、薄口醤油、塩

〈作り方〉

1 鴨はよく熱したフライパンに皮目を押しつけるようにして焦げ目をつけ、脂を一度洗い流す。皮目を下にして斜めに厚さ7㎜にそぎ切りし、濃口醤油大さじ1におろし生姜をたっぷり入れたものを絡ませて10分程置く。「こうすると鴨に下味がつくので、長時間煮込む必要がなく、鴨が硬くならずにすみます」。

2 素麺は茹でる（188頁「冷やし素麺」参照）。

3 出汁カップ5に酒カップ1を加えてひと煮立ちさせ、薄口醤油小さじ4、しぼり生姜小さじ2〜3、みりん小さじ2を加え、味を調える。

4 1の鴨を入れてひと煮立ちさせ、鴨の味を地に移す。鴨は取り出しておく。

5 葱は2・5㎝に切って4に加え、さっと煮る。（結わえたままの）素麺を加えて温め、端を切り落として器に盛り付ける。

6 煮汁に鴨を戻して9分通りまで火を通し、5に盛り付ける。煮汁に薄口醤油小さじ2、塩小さじ½弱で味を調える。「葱はかなりよく焚くことになりますが、九条葱は風味が落ちません」。

7 葱と一緒に煮汁を注ぎ、天盛りにおろし生姜を添える。七味唐辛子や胡椒を添えてもよい。

牛肉しぐれ煮

このお料理は比較的日持ちがするように少し濃いめに焚きます。
少量焚くより沢山焚いて保存した方が調味料も経済的です。

〈材料〉

牛肉（赤身切り落とし）
……500g
針生姜……4片分
酒、砂糖、たまり醤油、
濃口醤油、みりん

〈作り方〉

1 牛肉は食べやすい大きさに切り、42度位のぬるま湯で洗い、水気をきる。

2 鍋に牛肉を入れ、酒カップ1½を入れて火にかける。沸騰させてアルコール分をとばし、差し水をして再沸騰してきた時に出るアクを取り、針生姜を入れる。

3 砂糖大さじ3½位を入れて3分程煮、たまり醤油大さじ2⅔を入れる。

4 煮汁が半量位になったら、濃口醤油を少しずつ数回に分けて加えながら、味をみる。

5 ほとんど煮汁がなくなってきたら、輪手（221頁参照）で全体にむらなく回しかけるようにし、少し火を弱めてみりん小さじ2を加えて照りを出す。

6 平たい容器に移し、団扇で風を送って冷ます。冷めると味に深みが出てくる。

「肉は低温の流水で洗うと身が引き締まってアクも余分な脂も取り除けません。高温の湯で洗うと脂や旨味が抜けすぎます。醤油を加える時は、後々お汁がなくなるまで煮詰めるので、そこを充分考慮して加減して下さい。ぐつぐつと泡立って煮汁がキャラメル状になってきたら、焦げないようにかきまぜながら全体に煎りつける感じで仕上げましょう。
しっかり煮込み砂糖を多めに入れると長持ちさせることができます。保存容器に入れ冷蔵庫で10日程は大丈夫です」。

河井寛次郎造
呉州蓋物、呉州六角小鉢

ちりめん山椒（写真上）

醤油の入れ方に注意し、市販のものよりは薄く仕上げ、
飽きの来ない味にしましょう。

〈材料〉
ちりめんじゃこ……200g
酒……カップ2
実山椒……適量
たまり醤油、濃口醤油、みりん

〈作り方〉
1 平たい鍋に酒を沸騰させ、アルコールをとばした状態でじゃこを入れ、2分程強火で煮る。
2 全体にお酒が浸透すればたまり醤油小さじ1を加え、醤油の色が全体に混ざるようにへらで混ぜ、1分程煮込み、又たまり醤油小さじ1を加える。同じことを2回繰り返し、煮汁がほとんどなくなったらみりん、濃口醤油各小さじ1を加え、味を調える。
3 実山椒は実だけの状態に準備しておき、タイミングを見計らって加える。
4 煮汁がなくなったら火を少し弱め、最後の水分を蒸発させる。バットに移し、団扇であおいで手早く粗熱をとる。

『ちりめん』の由来のごとく、ごく細かいじゃこを入手することが肝要です。余り乾燥しすぎず、ふんわりとした状態で異臭のしないものを選びましょう。たまり醤油は濃口醤油よりも風味と色は濃厚ですが、比較的辛さは際立ちません。お料理は皆様が潜在的におもちの色のイメージも大事にしなくてはなりません。お好み次第で、そのまま煮詰めても、辛めが好きな方はさらに濃口醤油を適量加えても良いでしょう。

実山椒は、新鮮なものは水洗いをするだけ、冷凍もしくは日にちが経ったものは一度熱湯に通して水に落としてからザルへ上げます。最初にお醤油を入れる段階で加えると、辛みがよく利き、ピリッとした感覚が際立ちます。しかし持ち味の緑色が褪せます。色を大事にする時は終盤に加えると良いでしょう。

仕上げは、鍋を振るようにして焦げつかないようにかき混ぜます。

鍋のままじゃこを放置すると蒸れが生じ、保存するときにカビがはえる恐れがあります」。

鰯の印籠煮（写真下）

酷暑に冷蔵庫に入れず持ち運びができ、
長期にわたって保存ができる為、
印籠煮と名付けた当店の名物料理です。

〈材料〉
真鰯……6㎝位のもの50尾
生姜片（5㎜角3㎝長さ）……50本
千鳥酢（米酢の場合は1割量の水を足す）
濃口醤油

〈作り方〉
1 鰯は水洗いして鱗、腹わたを取り、鍋に放射線状に並べる。生姜、千鳥酢をひたひたに入れ、落とし蓋をして50分煮る。
2 落とし蓋で鰯を押さえながら酢を捨てる。
3 濃口醤油をひたひたに加え、2時間焚く。
煮汁が半分以下になったら、輪手（221頁参照）で醤油をかけながら焚く。
4 ほとんど醤油がなくなるまで煮、熱いうちに竹ザルにあけ、常温まで冷ます。

「酢でしっかり煮ることにより鰯の骨は溶け、臭みは抜け、保存がきくようになります。煮上がったら、風をあてて乾燥させて下さい。味付けは濃口醤油だけなので、辛く感じるかもしれません。ご飯にのせて熱いお煎茶をかけます。夏、食がすすまない時に役立つ常備菜です」。

叶 松谷造 瓜型色絵唐子鉢、オールドノリタケ 杓子

河井寛次郎造
花絵小皿、ぐい飲み
古丹羽徳利　時代根来盆

縁高——盛り付けについて

サーモン木の芽焼
出汁巻
焚き合わせ
　海老艶煮
　南瓜
　栗麩オランダ煮
　絹さや
茄子田楽
鴨ロース
合まぜ（レモン釜）

盛り付けてすぐ召し上がる場合はなるべく熱々を、また召し上がるまで時間がある場合は全ての具材を冷ましておかなければなりません。熱い間に盛ってしまうと蓋をすることにより蒸れが生じ早く傷んでしまい、又、臭気が混ざり合うことにより蓋を開けた時に不快感を与えます。色々な具材を取り合わせて盛り付けるためにそれぞれの味が隣のものに移らないように工夫をしなければなりません。焚いたもの、汁気のあるものは、ペーパータオルなどの上に置き、あらかじめ水気をきっておきます。

今回は、焼きもののサーモン木の芽焼のピンク色が鮮やかなので中心に置きました。それを支えるように黄色の出汁巻を奥にひかえ左に焚き合わせを、又、田楽や和えもののようにお味噌を塗った、お箸で取りにくいようなものは、一番手前に盛り込みました。出汁巻と焼きものとを少し斜めに角度をつけると自然な流れが出て圧迫感がありません。あとは、緑を散らすように敷き葉と絹さやをあしらいます。

あまり同系色のものが並ぶと折角のご馳走も単調になってしまい食欲がわきません。また、あまりチマチマと細かいものを並べたてると散漫になり何を食べたかわからなくなります。季節を表す焼きものなどを主役に一つ、あとは定番の卵焼き、野菜の焚き合わせ、少し変化を出すために和えもの、ご飯のおかずに田楽といった飽きのこない組み合わせを工夫しましょう。ご飯が、色ご飯の場合は具材の味付けをあまり濃くする必要がありませんが、白ご飯を添える場合は、普通より少し甘辛を効かせたお加減にすると良いでしょう。

春慶塗二段手提重

④ ① ⑤ ② ⑥ ③

縁高に盛る

浜作名物料理——材料と作り方

鯛のあらだき

……一二七頁参照

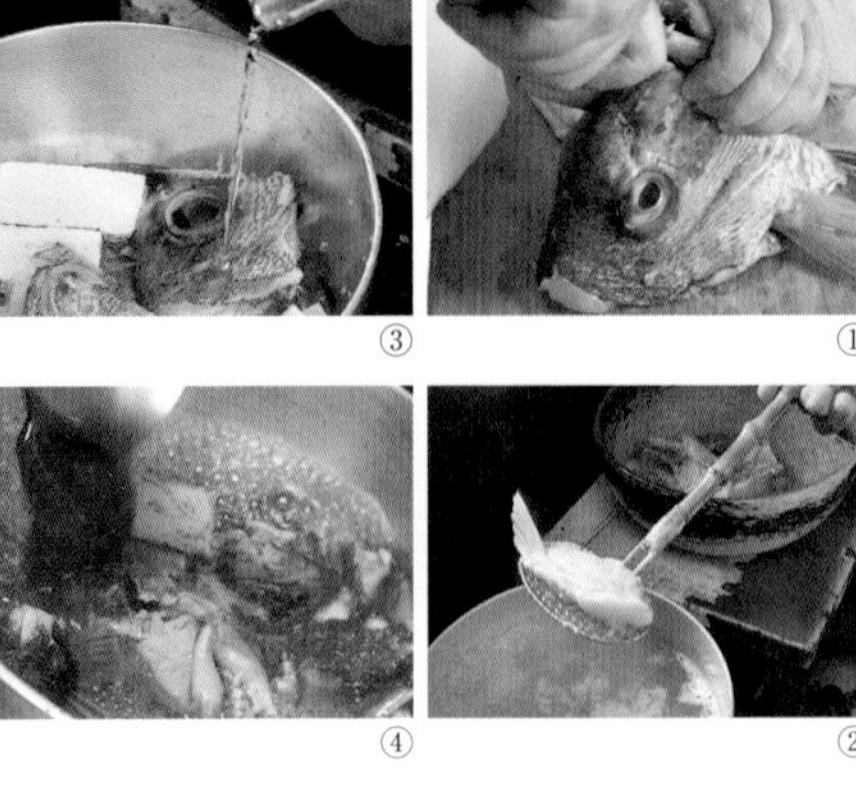

① ② ③ ④

〈材料〉

鯛の頭……2kgの頭1尾分
牛蒡、焼豆腐……各適量
酒、みりん、砂糖、たまり醤油、
　濃口醤油
しぼり生姜
木の芽

〈作り方〉

1 鯛の頭は食べやすい大きさにぶつ切りし（写真①）、霜降りして冷水に落とし（写真②）、血合いや鱗を取り除く。牛蒡は下茹でして長さ3cmに切り、太い部分は4〜6割りにする。焼豆腐は食べやすい大きさに切る。

2 鍋に鯛の頭を並べ、隙間に牛蒡と焼豆腐を入れる。酒カップ3、みりんカップ½を注ぎ（写真③）、強火にかけてアルコール分をとばす。

3 差し水をしてアクを取り、砂糖小さじ1を加えて身がふっくらするまで煮込む。

4 たまり醤油小さじ3〜4を加えて色をつけ、更に煮込む。

5 味見し、濃口醤油小さじ2〜3で調える。この間、始終強火で焚き続け、煮汁が少なくなれば輪手（221頁参照）で煮汁をかけながら煮詰める（写真④）。

6 器に山高に盛り付ける。煮汁にみりんとしぼり生姜各小さじ1を加えてカラメル状に煮詰め、上からかける。仕上げに木の芽を天盛りする。

出汁巻

……八七頁参照

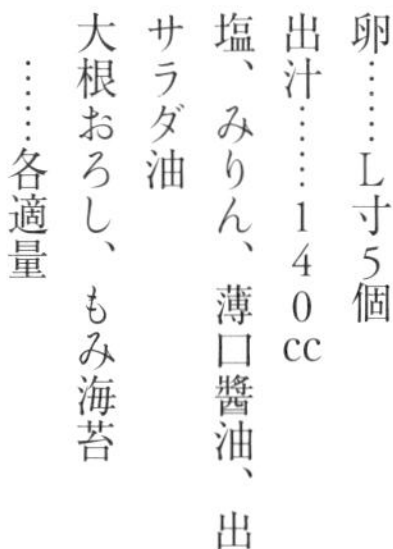

〈材料〉

卵……L寸5個
出汁……140cc
塩、みりん、薄口醤油、出汁
サラダ油
大根おろし、もみ海苔
……各適量

〈作り方〉

1 卵は焼く直前に、卵白のかたまりがなくなる程度に溶きほぐし、出汁（出汁が多ければ多い程、ジューシーになるが、巻きにくくなる）、薄口醤油小さじ1、みりん小さじ½弱、塩小さじ⅕で味をつける。

2 よく熱した卵焼き器にごく少量のサラダ油を馴染ませる（写真①）。1の⅓量を一面に行きわたるように流し込み（写真②）、卵の膨れを箸でつぶすようにしながら（写真③）、半熟の状態で手前へ巻いていく（写真④）。

3 油を馴染ませ直して巻いた卵を奥側にずらし、空いた所にも油を馴染ませ、卵の下にも行きわたるように卵液を流す。同様に2回くり返して焼き上げる（写真⑤）。この間始終強火を保つ。

4 巻きすに取って形を整え（写真⑥）、食べやすい大きさに切る。

5 大根おろしは水気を軽くきって出汁と薄口醤油で調味し、もみ海苔を合わせて染めおろしにして添える。

目板がれいの唐揚げ

ぶっかけ出汁 ……一一六頁参照

〈材料〉

目板鰈……4尾
片栗粉、小麦粉、揚げ油
美味出汁(221頁参照)
赤おろし(220頁参照)、
洗い葱(220頁参照)

〈作り方〉

1 目板鰈は水洗いし、よく水気をきる。出刃包丁で大胆に切り目を入れ、片栗粉をまぶし、しばらく置いてから小麦粉をまぶす。
2 180度の油できつね色になるまでよく揚げる。
3 熱々を器に盛り、温めた美味出汁を身の上から注ぐ(写真)。赤おろしと洗い葱を前盛りする。

かぶら蒸し

……八七頁参照

①

②

③

④

⑤

〈材料〉

聖護院蕪……¼個

具材

ぐじ……½尾

百合根茹でたもの（１３５頁「茶碗蒸し」参照）……½個

海老塩茹で（69頁「夏の焚き合わせ」参照）……４尾

焼穴子（１４７頁「ざく三種」参照）……⅓尾

どんこ椎茸（干し椎茸）のべっこう煮（１５０頁「合まぜ」参照）……中２個

銀杏（ゆがく）……４個

卵白……½個分

みりん、薄口醤油、塩、出汁、酒、葛粉

山葵

〈作り方〉

1 聖護院蕪は皮を分厚くむいて目の細かいおろし金でおろす。水嚢に移して熱湯をかけ（写真①）、軽く水気をきって冷ましておく（写真②）。

2 卵白を泡立て、１と合わせ（写真③）、みりん小さじ½強、薄口醤油、塩各小さじ⅕で下味をつける。

3 ぐじは大きめに切り、霜降りして冷水に取り、水気を除く。

4 器に具材を山高に盛り付け、それを覆うように２をかぶせて（写真④）12分蒸す。

5 出汁カップ２½に酒カップ¼、みりん、薄口醤油各小さじ１、塩小さじ½強で味を調え、葛でとろみをつけた銀あんを注ぎ（写真⑤）、山葵を天盛りする。

賀茂茄子田楽

……二〇四頁参照

白の焚き味噌の作り方

〈材料〉

白味噌……500g
酒……カップ½
みりん……カップ¼
砂糖……65〜75g
卵黄……3個分
かつお節……ひとつかみ

〈作り方〉

1　白味噌に酒、みりん、砂糖を加えて火にかけ、焦げないように練り込む。水気がなくなってきたら卵黄を加えて更に練り込む。元の味噌の硬さより、少しゆるい位でかつお節を加えてかき混ぜ、冷ましてから裏ごす。

赤の焚き味噌の作り方

〈材料〉

赤味噌……500g
酒……カップ½
みりん……75cc
砂糖……150〜200g
かつお節……ひとつかみ

〈作り方〉

1　赤味噌に酒、みりん、砂糖を加えて火にかけ、焦げないように練り込む。元の味噌の硬さより、少しゆるい位でかつお節を加えてかき混ぜ、冷ましてから裏ごす。

白井半七造 乾山竹絵皿

〈材料〉
賀茂茄子……2個
白の焚き味噌、赤の焚き味噌（右頁参照）
……各適量
揚げ油
けしの実、柚子

〈作り方〉
1 賀茂茄子は二等分し、火が通りやすいように箸で両面から穴を開ける（写真①）。
2 160度の油で焦げ目がつかないよう、じっくりと火を通すように揚げる。
3 赤の焚き味噌7分、白の焚き味噌3分を合わせたもの（赤のみでは辛くなる。白を加えるとまろやかさが出る。）と白の焚き味噌を巴をイメージして塗りつけ（写真②）、250度のオーブンでうっすらと焦げ目がつくまで焼く。
4 赤味噌にけしの実をふり、白味噌にふり柚子をする。

①

②

春のお献立

蛤のお吸い物

蛤、若布、木の芽

宮永東山造 麦藁吸物碗

赤貝と分葱のぬた

赤貝、分葱、浜防風、酢味噌

永楽妙全造 吹墨さざえ向付、共猪口

白魚餅粉揚げ

白魚、海苔、餅粉

河井寛次郎造 黄彩皿

一寸豆塩蒸し

一寸豆、海老

時代桃絵皿

蒸し寿司

河井寛次郎造 呉州食籠

初代吉右衛門丈、八代幸四郎丈寄せ書き
「京染のそめ上りたる春着かな」

夏のお献立

鐵齋九十歳　団扇

鱧寿司、鯛の粽寿司

播磨屋盆

鱧、鯛、木の芽、はじかみ生姜

鱧の切をとし

河井寛次郎造 六角鉢

鱧、ハス芋、花穂紫蘇、山葵、二杯酢

賀茂茄子田楽……二〇〇頁参照

白井半七造 乾山写皿

賀茂茄子、焚き味噌（赤白）、けしの実、青柚子

秋のお献立

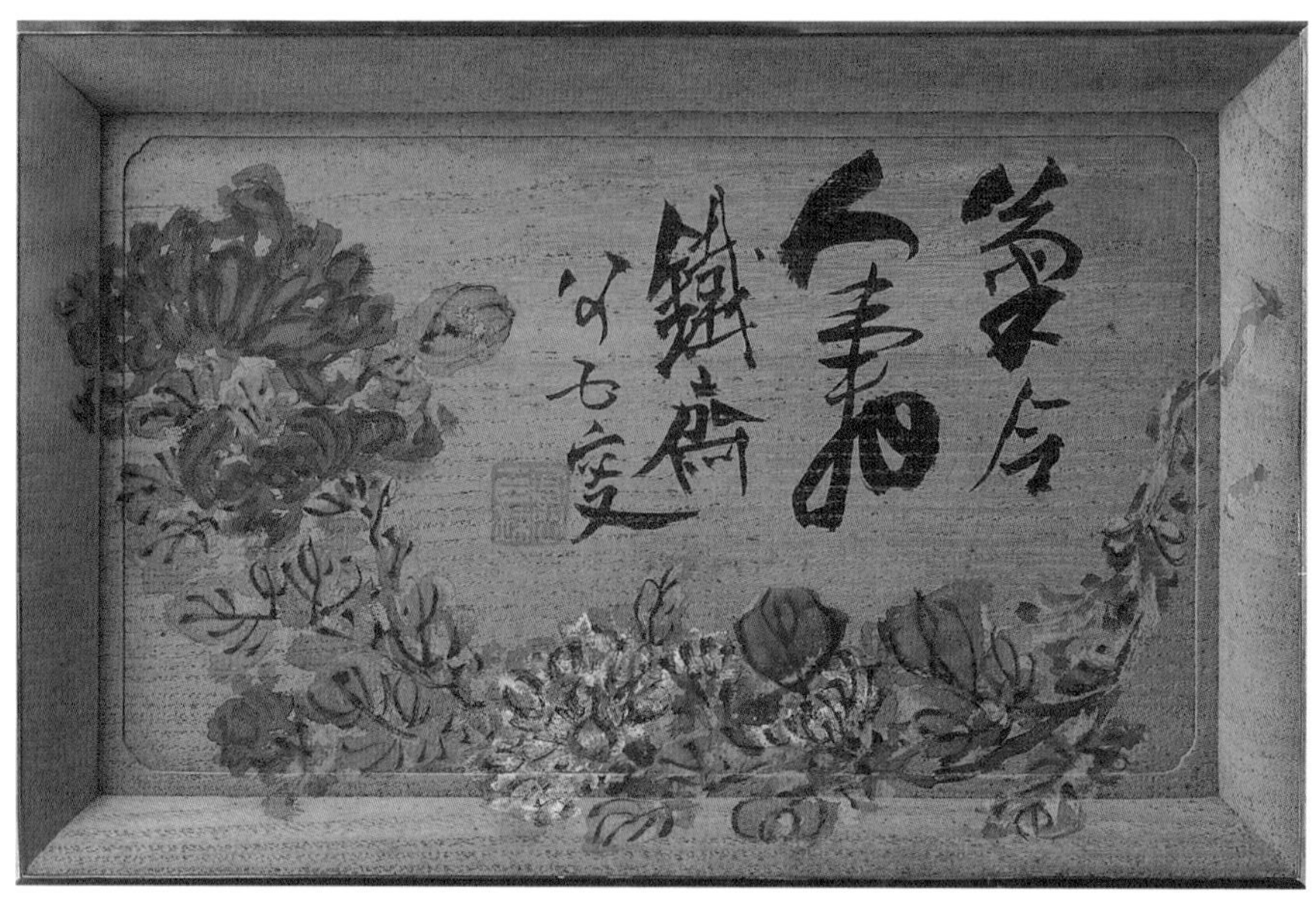
鐵齋八十七歳　「菊」桐板

お造り盛合せ

鯛、烏賊、車海老、岩茸、山葵
河井寛次郎造 手付辰砂鉢

松茸と鱧の土瓶蒸し

松茸、鱧、三つ葉、酢橘
備前土瓶、永楽即全金襴手猪口

海老の紅葉焼、黄金焼

車海老、海胆、卵黄、青柚子
河井寛次郎造 呉州丸皿

揚げ海老芋、菱蟹と菊菜の早煮

海老芋、菱蟹、菊菜、おろし生姜
川喜多半泥子造 黄瀬戸片口鉢

冬のお献立

須田国太郎画「冬の森」

白味噌のお雑煮

餅、六角小芋、うぐいす菜、紅白人参大根輪違い、練り辛子

黒田辰秋造 拭漆欅椀

伊勢海老具足煮

伊勢海老、木の芽

河井寛次郎造 面鉢

三種

(叩き牛蒡、黒豆、味噌松風)

牛蒡、胡麻、粉山椒

黒豆

鴨、笹がき牛蒡、黒胡麻、赤焚味噌

仁阿弥道八造 土器手塩

鶉丸、蕪、海老芋の羹

鶉、蕪、海老芋、若水菜、黄柚子

河井寛次郎造 呉州丸食蓋

浜作会のこと

昭和30年代に会員だった須田国太郎画「槿（むくげ）」

魯山人先生が発行されていた「星岡」という同人誌に、「吾ガ美食倶楽部ニ倣イ京都ニ、大倉喜七郎、山本為三郎氏宰スル浜作会有リ、ソノ主人豪放磊落、包丁技冴エ、素材一等」とあります。

月例で旬の食材を吟味して御賞味いただくという美食会の魁であるこの会は、関西財界の雄、山本為三郎様（大日本麦酒社長）の提唱で、大倉喜七郎男爵を名誉会長として、当時毎日新聞京都支局長だった岩井武俊様が幹事役となって、昭和十一年に始まりました。毎月第二月曜の夕、戦時中二年のブランクはございましたが、それ以外は一度も絶えることなく今年末で九百十九回を数えさせて頂くことになります。祇園・富永町の旧本店カウンターの正面には、大倉男爵にお書き頂いた「千客萬来」の額がいつもかかっておりました。

この八十年を超える長い間、様々な会員様にお支え頂きました。根津嘉一郎様、川喜多半泥子先生、小林一三先生、飯田新七様、月桂冠の代々の大倉社長様などの財界の方々、美術界からは河井寛次郎先生、福田平八郎先生、須田国太郎先生、と多士済々。現在も十五人の会員様が在籍なされ、今日に至っております。これだけ長く継続させて頂いておりますのは、会員様各位のお蔭と申し上げるほかはございません。我が京都では、憚りながら洋食では「萬養軒」さんの金曜会、和食では手前どもの「浜作会」が年数にかけては最長でございましょうか。去る四年前に伏見稲荷大社の迎賓館にて九百回記念の例会を勤めさせて頂きました。

浜作会200回記念の福田平八郎画「扇面（帖）」、600回記念三代目継承の池田遙邨筆「福」の扇面、800回記念魯山人書画の扇面、同じく叶松谷造「赤絵金襴手八角徳利」、「金襴手盃」。記念品の数々。

おせち

とにもかくにも、一から手作り致すものですから、個数はあまり多くはできません。その分、店で召し上がって頂くのとなるべく同じ品質をと、そればかりに工夫、注心致しました。

与ノ重

弐ノ重

壱ノ重

伊達巻き玉子　からすみ　たたきごぼう　車海老鉄扇焼き三色(黄味、梅、常磐松)　くわい真丈三つ葉結び　黒豆松葉刺し　鶏肉の味噌松風　数の子　ぎんなんうずら玉子うに焼き　はまぐりぬた

弐ノ重

漬けまぐろ磯辺巻き　きす南蛮漬け　酢取り茗荷　イクラ、いわたけ、三つ葉のみぞれあえ　鰻かば焼き、ちしゃとう味噌漬け、うど甘酢漬け、金時にんじん甘酢漬け　鯛細造り塩昆布あえ　紅白きんとん(金時にんじん、ゆり根)　ずわいがにとほうれん草のカクテルソース添え　相生栗鹿の子　菊菜、なめこ、柿のごまあえ

交趾酒瓶／永樂即全作
清水六兵衛や三浦竹泉らの寄せ盃を添えて。
水引／立入好和堂

参ノ重

京風お煮しめ（高野豆腐、どんこ椎茸、蓬麩、かまぼこ）　焼きゆば、さいまき海老つや煮、粟麩おらんだ煮　炊き合わせ（たけのこ、あなご昆布巻き、菜の花）　甘辛お煮しめ（れんこん、こんにゃく、ごぼう、鶏肉、にんじん、さやえんどう）　炊き合わせ（海老いも、たらの真子）

与ノ重

サーモンの柚子味噌田楽　さわらの照り焼き　はじかみしょうが　特製ポテトサラダ　ローストチキンバーナード・リーチ風　すだち　和風ローストビーフ　トマト甘酢漬け

・お問合せはこちらへ
ご紹介させていただいた「元祖板前割烹百年一番だし」など、お取り寄せ商品のご注文は以下のホームページにて承ってございます。ご愛用いただけましたらこれに勝る喜びはございません。
https://www.hamasaku.kyoto/

お取り寄せ

手前ども浜作は至って不器用で、
品揃えが豊富とは到底申し上げられません。
その分、数を絞って長年にわたり素材を吟味し、
製法に工夫を凝らし、
練り上げた商品と致しております。
まさに自家薬籠中の逸品と自負しております。

元祖板前割烹百年一番だし

浜作第一の名物、夜の営業で使用しておりますお出汁をご自宅でお楽しみいただける、鰹節と昆布のセットです。

だし醤油、ポン酢、そのほか　浜作特製極旨シリーズ

ぎをん時雨

京都は、全国六十余州山海の珍味の広く集まるところであります。その相性の最たるもの、ちりめんと国産の山椒を浜作独自の技法で調製いたしました。

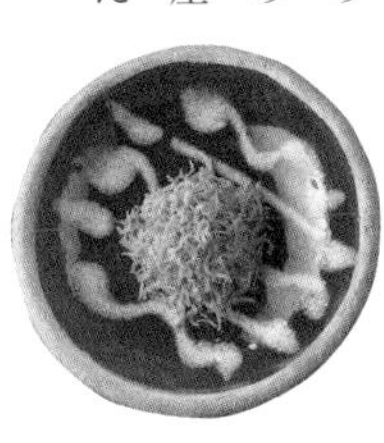

本店について

玄関には細川護熙元首相による「浜作」の扁額、伊藤小坡画による御所美人屏風。

創業以来七十五年にわたり皆様に御愛顧頂きました本店を、平成十五（二〇〇三）年三月、祇園富永町より八坂鳥居前に移転致しました。元々ここは私どもの自宅であり、また鶴庵（かくあん）というお茶室がございました。その頃の高台寺周辺は、お昼間こそ祇園さんから清水さんへの通り道として、観光のお客様がお出ましになっておりましたが、日が暮れるとほとんど人通りがなく、静かなものでございました。馴染みのあるこの地でお客様と向き合い、一期一会の出会いに胸を躍らせ、精進する日々を送って参りましたが、心機一転、令和三（二〇二一）年七月に新町通へ本店を移転新装致しました。祇園富永町、八坂鳥居前、そして新町通と本店の場所は変わりましたが、一貫して変わらないものが、私どもの店にはございます。それは、総檜一枚板のカウンターでございます。この総檜一枚板のカウンターはまさに当店の魂ともいうべき存在で、三代にわたって内外の貴顕紳士をお迎えして参りました。手前どもには立派なお座敷や素晴らしいお庭があるわけではありません。この樹齢三百五十年の檜のカウンターを挟んでの、お客様と歴代主人との日々の真剣勝負こそが浜作の歴史そのものであります。

　あくまで板前割烹の創業の精神は、お客様の御要望にお応えすることが一番の目的であり、そのお味付け、召し上がる速さ、器のお好みなど全て把握し、回を重ねる毎にその完成度を増し、御常連となって頂き、毎回「ああ、美味しかった。また来よう」と実感して頂くということを至上の本懐とすべきものであります。近頃では料理＝作品の発表会のような作り手本位のベクトルを持った料理屋がマスコミでもてはやされておりますが、この風潮には私はかねがね大きな疑問を持っております。お客様の思し召しには極力添うべく最大限の努力を惜しまないというのが、客商売の心得といたしましては、本来あるべき姿でありましょう。

　それに加え、御料理は刹那の芸術であると思います。味わうという行動そのもの、一瞬のうちに消え去り決して留めることはできません。しかしその時感動した味の記憶は脳のどこかに必ずや保存され、その感動の再現を幾度となく試み、結果失敗しまた試みるという努力を重ねることこそが美食の本質ではないでしょうか。要するにお客様の目の前でお客様と御一緒に、新たな真味の発見やその感動の再現をお手伝いするという仕事こそ、板前割烹の主人の役割であります。また、この頃ではあまりに安易な

掛けられたバーナード・リーチデザインの暖簾をくぐれば、そこからは別世界。一期一会の出会いに胸が躍る。

紛い物が横行しているため、鯛の御造りはこういうものであるとか、鱧の御吸い物はこんな柔らかいものであったのかとか、その料理が本来持っている素晴らしさ、有り難さを改めて認識して頂くという使命も重ねて負っております。

兎にも角にも、毎日一期一会の心持ちでその日入手できた最高の素材を、なるべく余計な飾りをせず、タイミング良くご提供することだけを心に誓わねばなりません。浜作は変化球なしの直球勝負が本領でございます。

元祖板前割烹たる浜作。その象徴ともいうべき樹齢350年の総檜造りのカウンター席。初代から二代目、そして当代へと96年にわたって引き継がれてきた。八坂鳥居前から新町通へと移転するにあたり、思いを新たにして寸分削り出し、新装されている。正面壁面に川端龍子の画。
上／正面から板場を望む。
左上／入り口から奥を望んだ風情。
左下／奥から入り口方向を見た景色。

サロン

新本店
サロン・ド・浜作・アンティディレッタント

築150年の京町家を新改築した佇まいは、まさに寛ぎの空間というにふさわしい。サロンでは食前食後にゆったりとした心豊かな時間を過ごすことができる。正面に川端康成筆「古都の味 日本の味 浜作」の堂々たる額が掲げられている。左手にはチャールズ皇太子ご来店時のサイン、小屋梁下の扁額は橋本関雪筆「青松無四無」。右手には1912年ベヒシュタイン製総ローズウッドのピアノ。

御食事をお楽しみいただく総檜一枚板のカウンターから中庭を挟んだところに新本店のサロンはございます。元はと言えば、この建物は京町家の土蔵でした。蔵という建物の性格上、壁にはわずかに明かり取りの小さな窓があるばかりでしたが、壁を大きく開き、また天井板を外すことで開放感のある心地の良い空間と致しました。

ローチェアに腰をおろして喫茶をお楽しみ下さい。正面には川端康成先生が筆にたっぷりと墨をふくませて「古都の味　日本の味　浜作」と風格のある書をしたためて下さった、大きな額を見ることができます。上に目をやれば天井を支える小屋梁、軒桁といった小屋組が見え、この建物が持つ年輪を感じます。外光が射し込む日中と夜とで異なる表情を見せるサロンで寛ぎのひとときをどうぞお過ごし下さい。

店名にある「アンティディレッタント」とは、フランスの作曲家であるクロード・ドビュッシーからの由来でございます。私は何よりも音楽を愛しております。バッハやベートーヴェンは言うに及ばず、オペラではヴェルディ、ワーグナー、またジャズではビル・エヴァンスやジョン・コルトレーンといった天才たちの名演奏を聴きながら、食前食後にゆったりとした豊かな時間をお過ごし頂けます。また、ベヒシュタイン製のピアノを常設しておりますので、パーティやミニコンサートなどにもお使い頂けるかと存じます。

芦屋サロン

六甲山を見渡す素晴らしいロケーションに芦屋サロンはある。開放感のある空間に19世紀の名作ピアノ「エラール」が据えられ、選び抜かれた調度類、さりげなく名画の数々がかけられている。時を忘れ心のゆとりを得られる至福の「隠れ家」だ。少人数の特別な食事会や音楽会などに使うことができる。

芦屋サロンについての詳細は[☎075-561-0330]にお問い合わせ下さい。

料理教室

私が先代のあとを継ぎました時、祖父や父からの御常連様がほとんどで、いわゆる一見様は皆無に等しい状態でございました。それもほとんどが殿方で、御婦人のお客様はごくわずかでありました。

時はちょうどグルメブームでフレンチやイタリアンの店が乱立し、日本料理界もその潮流に動かされ、指標が定まらない混沌とした時期でございました。

そこで、ご家庭の食卓を預かる御婦人方に、手前どもが受け継ぎましたごく普通の日本料理をなんとかお伝えできないものかと思い、料理教室を始めたのでございます。

振り返ってみますと、私がお教えしたことより、生徒の皆様から学ばせて頂いたことの方が多かったように感じております。

この間、生徒の皆様方に繰り返し、繰り返し、「ご家庭では奇をてらった見かけ本位のお料理を目標となさるのではなく、ありきたりでごく平凡な素材ではありますが、その品質の吟味を怠らず、その持ち味を損なわず、ストレートになるべく出来立てをお出しすることが、第一の御馳走である」と、力説して参りました。

とにもかくにも日々、お料理に真剣に取り組まれることで、必ず新しい発見があり、又、それをもとに熟練、上達という結果が生まれて参ります。その道標となるお味を実際にお示し致し、なぜその料理法をとるのかという疑問にお答えするのが、私どものお教室のモットーでございます。

三十一年経った今、通算回数二五〇〇回を超え、のべ三万人を超えてお通いいただき、現在は合計十クラス一五〇人をお迎えして、カウンターにて毎月開催しております。東京をはじめ、北は北海道から九州まで、憚りながら日本で最も通うのが難しいお教室として、多くのご入会希望をいただいております。

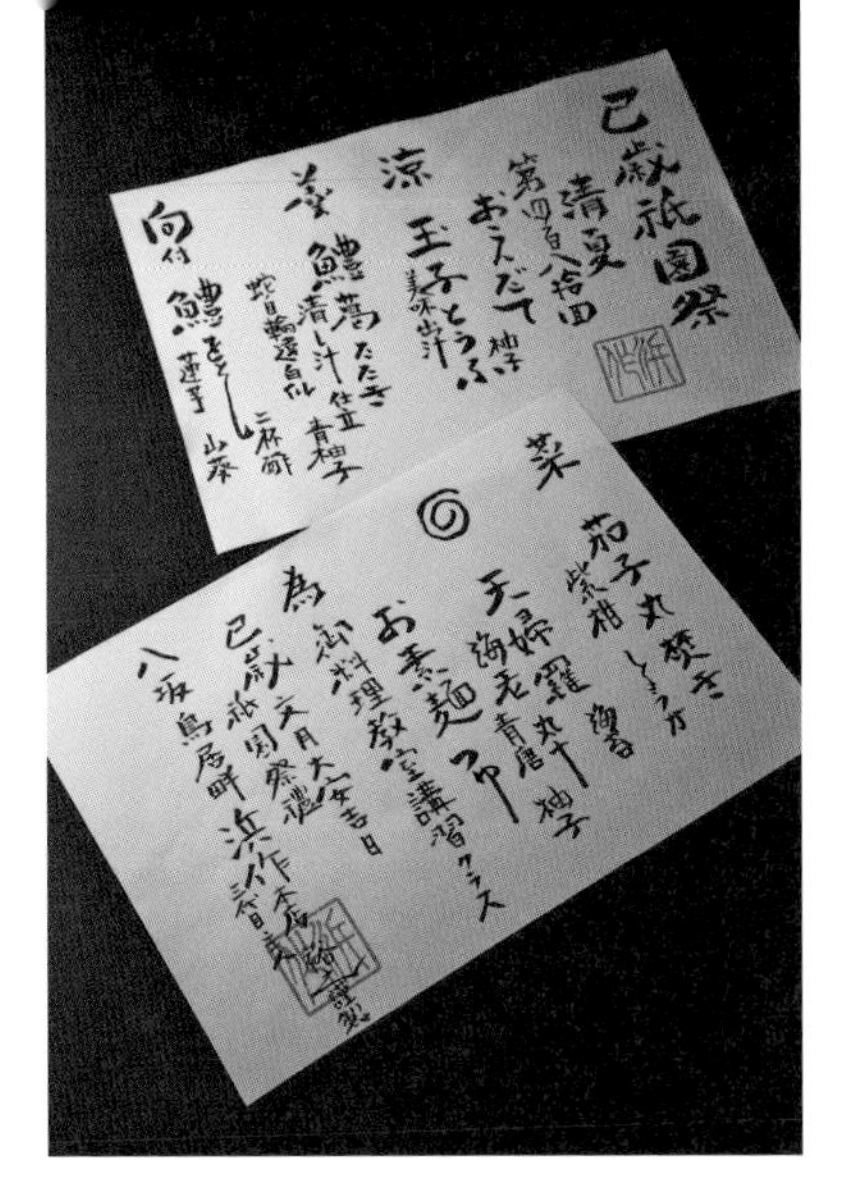

手書きのお献立

当代の軽妙なトークに笑顔の絶えない生徒さんたち。京料理界最年少で「現代の名工」に指定された当代が、板前割烹の真髄である調理のプロセスを惜しみなく見せてくれる料理教室は、浜作のもう一つの名物だ。

 浜作料理教室についての詳細はhttps://www.hamasaku.kyoto/cookingschool/をご覧下さい。

料理の言葉

あ

青み野菜（三度豆、絹さや、千石豆等）の茹で方
筋を取って底辺を切り揃える。塩でこすり、水で洗う。塩ひとつまみを加えた熱湯で、色が鮮やかになるまで茹で、冷水に落として色止めする。

青寄せ
ほうれん草の葉をフードプロセッサーで粉砕し、沸騰した湯に入れ、浮き上がった緑色の色素をすくい上げ、フリーザーで急冷したもの。

赤おろし
大根おろしに一味唐辛子を加えたもの。〝もみじおろし〟ともいう。

当たり鉢
「すり鉢」のこと。材料をすりつぶして細かくしたり、真薯を作る時のようにすり身と卵など別々のものを合わせる時に使う。

甘酢
酢、水各１８０cc、砂糖１００g、塩少々、昆布5cm角1枚を合わせてひと煮立ちさせ、冷ましたもの。

洗い葱
小口切りした葱を、さらし布に包んで軽くもみ洗いし、余分なぬめり、辛みを取り、よく水気をきったもの。

板ずり
胡瓜、蕗などの野菜に塩をふり、まな板の上でこすりつけること。本来胡瓜の下ごしらえは1本ずつ丁寧に塩もみすべきものだが、大量の時はまな板に胡瓜を並べて塩をたっぷり振り、手のひらでまな板にこすりつけるように転がして、汚れと粒つぶを取り除く。

色止め
ゆがいた青み野菜等の鮮やかな色を保たせる為に、冷水にさらすこと。

か

隠し包丁
本来の形を損なわず、食べやすくしたり、味をしみ込みやすくする為に、目立たないところに、完全に貫通しないように包丁で切り目を入れること。

さ

魚の水洗い
丸ごとの魚からうろこ、内臓、えら、場合によって頭やひれなどを除き、血や汚れを水で洗い、水気をふきとるまでの下ごしらえのこと。

しぼり生姜
土生姜をすりおろし、ペーパータオルで絞った汁。

霜降り
霜がおりたように生の魚や肉の表面だけをさっと熱湯に通すこと。臭み、ぬめり、余分な脂肪分をとり、表面を固めて旨味を逃さないなどの利点がある。

上身（じょうみ）
魚を三枚におろし、そのまま料理に使用できるよう腹骨や小骨をすいたもの。

白葱酢漬け
長葱を焼いて、土佐酢に漬けたもの。

杉盛り
細く切ったものを積み重ねながら、小さな杉の木の形をイメージして小高く盛ること。

寿司生姜
新生姜を薄くへいで熱湯で茹で、ザルに上げて塩をふり、冷ましてから甘酢に漬け込む。

た

橙酢
濃口醤油1、煮切り酒0・4、みりん0・2、米酢0・7、柑橘(橙、カボス、酢橘など)果汁0・3、昆布、かつおを密封容器に合わせ3日間熟成させる。漉して一升瓶へ移し、しばらく寝かせると蓋がポンと飛び、角が取れる。

蓼酢
蓼の葉適量を当たり鉢でよく当たり、砂糖少々を加えて更にすり混ぜ、ドロドロのペースト状のものを作る。酢を合わせてしまうと蓼の緑色が褪せてしまうので、召しあがる分だけをその都度、酢と合わせるようにすると良い。

天盛り
見た目や味、香りを引き立てる為、木の芽や柚子などをワンポイントとして料理の一番上に盛ること。

土佐酢
鍋に水、酢各カップ2、みりん、薄口醤油各カップ½、砂糖小さじ1、昆布鍋直径2枚分(15g)を合わせて弱火にかける。20分ぐらいかけて徐々に温度を上げて昆布の旨味を引き出す。沸騰する直前にかつお節30gを鍋満面にふり入れて火を止め、そのままゆっくり冷ましてから漉す。

は

針生姜
土生姜の皮をむき、繊維に沿って極細く千切りし、水にさらしてアクを取り、水気をとったもの。

針柚子
柚子の表皮のみを極細く千切りし、水にさらし、水気をとったもの。

飯切り
ご飯を混ぜ合わせる時に使う木製の桶状の容器。使用時はたっぷりの水を入れて水分を吸収させてから、布巾で余分な水気をとる。使用後は洗ってよく乾燥させる。

美味出汁
鍋に水カップ7、みりんカップ½、薄口醤油80cc、濃口醤油20cc、砂糖大さじ1、昆布鍋直径2枚分(約20g)を合わせて弱火にかける。20分ぐらいかけて徐々に温度を上げて昆布の旨味を引き出す。沸騰する直前にかつお節40gを鍋満面にふり入れて火を止め、そのままゆっくり冷ましてから漉す。

ふり柚子
柚子の表皮をおろし金ですりおろし、料理にちらして香りを添えること。

や

より独活
独活をかつらむきにし、斜め45度に細く切り、水にさらすと螺旋状になる。

ら

輪手(りんて)
お玉、レードル。

あとがき

分けのぼる　麓の道は　違へども
同じ高嶺の　月を見るかな　　（一休宗純）

二代目の父が五十八歳で急逝し、私が三代目主人となりまして早三十二年目を迎えます。この間、振り返りますれば、毎日毎日の仕事をこなすだけで精一杯で、様々な事業を縮小整理したり、本店を移転新装したりなどと、まさにジェットコースターのような毎日でございました。私の人生も六十歳となり、やっと最近現場で「御料理を作る」という一番大事なことに専念専心できるようになりました。

生意気なことを申し上げるようですが、やはり何事も三十年のキャリアを重ねてはじめて、何かそのものの本質や奥行きをぼんやりと捉えることができるようになった気がいたします。思えば私がカウンターに立ちだしました四十年位前には、明治生まれのそれこそその道の本質の頂点を極めた大家や達人、巨匠、大社長が連日お見えになり、私にはまだまだ充分にはそのお偉さが分からず、無鉄砲にも未熟な料理を差し上げていたということも、今となっては本当に冷や汗ものの仕業でございましょう。まあその当時は父や祖父の七光り（＝二代分ですから四九光りかもしれません）で青臭い若造を恩情深く受け入れてくださっていたのだと感謝いたしております。この経験こそが何物にも代え難い、祖父や父に感謝しなくてはならない浜作の跡取りとしての特権でございます。また祇園町生まれの祇園町育ちならばこその独特の境遇もあいまって、今日板前割烹の元祖として、その精神と先達から有形無形に受けた影響や経験を「料理」という表現手段で何とか皆様にお伝えできないかと、かねてより念願しておりました。望外にも株式会社バンズの萬　眞智子様のご縁を得、世界文化社の井澤豊一郎様のお力添えを頂き、私めの拙著を上梓する幸運を得、また「愛蔵版」として増補新版を刊行できましたことは、真に光栄の至りに存じます。

本編でご紹介した通り、手前どもの御料理は、全く飾り気のない素朴な普通の御料理でございます。これは今の流行ではないのかもしれません。しかし私は料理屋の主というものは、本来井の中の蛙、お山の大将で良いのではないかと思っております。世の中の風潮や国際化など全くご縁のないところで、ひたすら美味しい物づくりに没頭できる環境こそが理想とさえ考えます。

おこがましながら、美味しい御料理を出すということは作り手から召し上がるお客様へ「真心の気」を差し上げることだと確信いたしております。それには誠心誠意はもちろんのこと、新鮮な素材、味付けの技術、これにプラスして「出来立て＝最上」という時間軸、またそれを包み活かしきる食器とのバランス、絵や美術品などの設え、この全てに注心して現場（＝板場）で毎日実践するのが板前割烹そのものであります。今回撮影にあたりまして、料理を盛り込みました名器の存在共々、時世時節は変わろうとも、このモットーを後世にお伝えするのが私の第一の使命であると存じております。

末筆ながら、私が最も尊敬する京都学派の最後のおひとり、京都人中の京都人・杉本秀太郎先生、また伝統歌舞伎の本格を連日一期一会で熱演なさっていた人間国宝の中村吉右衛門先生、この御二人の芸術院会員の大先達に身に余る素晴らしい文章を寄せて頂きましたことは、浜作の最も誇りと致すところでございます。心より感謝申し上げたく存じます。今回の撮影に際し、二代にわたって浜作会会員であられる叶 松谷先生にお力添えを頂きました。また元民芸協会会員の村井源一先生にも、御助言と御協力を仰ぎました。それに加えまして、この本の制作に携わって頂きましたカメラマン浅井憲雄様、大道雪代様、株式会社バンズの萬様をはじめとするスタッフご一同に心からの御礼を申し上げる次第に存じます。

今日浜作が商売を続けさせて頂けますのは、言うまでもなくひとえに長年における御贔屓御旦那様各位の御愛顧の賜物でございます。重ねて御贔屓の御礼と皆様のご健勝を心よりお祈りいたしております。

令和四年六月吉日

森川裕之

手前味噌ながら、自作の油絵

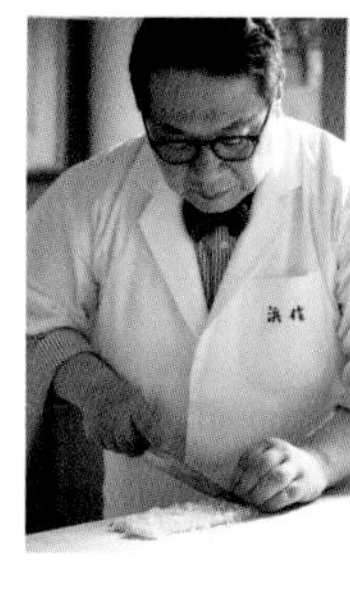

著者紹介

森川裕之　もりかわ・ひろゆき

京都を代表する名店「浜作」のご主人。「浜作」は日本最初の割烹料理店で、現当主は三代目にあたる。美術や歌舞伎、音楽など芸術をこよなく愛し、供される料理の器には、さりげなく河井寛次郎などの知られざる名品が用いられている。

「古都の味 日本の味 浜作」と川端康成を嘆息させた名店の味を守り、一期一会の精神で日々板場に立っている。

［浜作］
中京区新町通六角下ル六角町３６０
電話　０７５－５６１－０３３０

森川洋子　武中貴代　清水まゆ美
料理アシスタント：安江洋造　石田時光
石村隆洋　桂聖代
教室アシスタント：中山理恵　前田絢奈　下村彩菜
アシスタント：坂井亜優

協力（器）／叶 松谷
村井源一
［チェリーテラス］井手櫻子
［Antique Chocolat］山根有美子

撮影
浅井憲雄（表紙、p.００１〜０１９、p.０２８下、p.０２９下、p.０３０、p.０３１下、p.０２２〜０３３、p.０４２〜０４９、p.０５３上、p.０５５、p.０５７、p.０５９、p.０８６〜０８９、p.１００〜１０５、p.１１２〜１１９、p.１２１、p.１２４〜１２９、p.１３８〜１４１、p.１９６上、p.１９７右、p.１９９右、p.２０２〜２１１、p.２１４〜２１９、p.２２３）
大道雪代（p.０２８上、p.０２９上、p.０３１上、p.０３４〜０４１、p.０５１〜０５２、p.０５３下、p.０５６、p.０６１〜０８５、p.０９２〜０９９、p.１０７〜１１１、p.１２０、p.１３１〜１３７、p.１４５〜１９５、p.１９６下、p.１９７左、p.１９８、p.１９９左、p.２００〜２０１、p.２２４）

デザイン　ＯＫＤ
小野寺健介（表まわり＋新規頁）

編集　井澤豊一郎
萬眞智子　林 由香理［株式会社バンズ］

校正　株式会社円水社

ＤＴＰ製作　株式会社明昌堂

愛蔵版
和食の教科書 ぎをん献立帖

発行日　２０２２年６月30日　初版第１刷発行

著者　森川裕之
発行者　秋山和輝
発行　株式会社世界文化社
〒１０２－８１８７
東京都千代田区九段北４－２－２９
電話　０３－３２６２－５１１７（編集部）
０３－３２６２－５１１５（販売部）
印刷　凸版印刷株式会社
製本　株式会社大観社

ISBN 978-4-418-22305-3
落丁・乱丁のある場合はお取り替えいたします。
定価はカバーに表示してあります。